湖南省教育厅重点科研项目（项目编号：23A0507）

交通流流体力学格子模型建模及仿真研究

黎小琴　著

内 容 简 介

交通流模型是智能交通系统、交通管理和控制等领域的应用基础,对丰富现代交通流理论体系具有重要的意义。本书提出了几种符合现代交通实际的交通流模型,并进行了系统理论分析和数值模拟,研究了交通流中各种非线性现象。本书主要研究内容和成果表现在交通流模型综述、数据挖掘和宏观交通流建模等方面。

本书适合作为交通流和交通控制领域的相关研究人员和学生参考用书。

图书在版编目(CIP)数据

交通流流体力学格子模型建模及仿真研究 / 黎小琴著. ——北京:北京大学出版社,2024.10
ISBN 978-7-301-34696-9

Ⅰ. ①交⋯ Ⅱ. ①黎⋯ Ⅲ. ①交通流—交通模型—研究 Ⅳ. ①U491.1

中国国家版本馆 CIP 数据核字(2023)第 241124 号

书　　　名	交通流流体力学格子模型建模及仿真研究 JIAOTONGLIU LIUTI LIXUE GEZI MOXING JIANMO JI FANGZHEN YANJIU
著作责任者	黎小琴　著
策 划 编 辑	郑　双
责 任 编 辑	李斯楠　郑　双
数 字 编 辑	蒙俞材
标 准 书 号	ISBN 978-7-301-34696-9
出 版 发 行	北京大学出版社
地　　　址	北京市海淀区成府路 205 号　100871
网　　　址	http://www.pup.cn　新浪微博:@北京大学出版社
电 子 邮 箱	编辑部 pup6@pup.cn　总编室 zpup@pup.cn
电　　　话	邮购部 010-62752015　发行部 010-62750672 编辑部 010-62750667
印 刷 者	河北滦县鑫华书刊印刷厂
经 销 者	新华书店
	650 毫米×980 毫米　16 开本　10.5 印张　151 千字 2024 年 10 月第 1 版　2024 年 10 月第 1 次印刷
定　　　价	68.00 元

未经许可,不得以任何方式复制或抄袭本书之部分或全部内容。
版权所有,侵权必究
举报电话:010-62752024　电子邮箱:fd@pup.cn
图书如有印装质量问题,请与出版部联系,电话:010-62756370

前　言

在中国大规模城市规划建设和智能交通系统（Intelligent Transportation Systems，ITS）发展的背景下，城市交通规划必须面向未来，城市交通控制必须面向宏观，宏观交通流理论的科学研究更是一项重要的工作。在利用已有交通流模型模拟某些真实交通现象的基础上，本书建立了若干个新的交通流流体力学格子模型，并考察了各模型的特性。书中将激进驾驶特性以及当前车辆对前方多格点优化流差的预估信息作为新模型的控制项，研究这些特性对交通稳定性的影响；通过对新模型进行相应的理论分析和数值模拟，得到了交通流演变为稳态、亚稳态和不稳态的条件，并提出了几种缓解交通拥堵的新方法，为自动驾驶、交通优化诱导等方面的进一步研究提供理论参考。

本书的研究工作是在湖南省教育厅重点科研项目"基于随机干扰信息的交通流协同建模与优化控制"（编号：23A0507）的背景下开展的。

本书研究工作包括以下几个方面。

（1）从宏观层面，针对不同驾驶员对前方信息的判断和预估可以反馈出不同的加减速驾驶行为的交通现象，提出了一种考虑激进驾驶特性的单车道流体力学格子模型，探索了在不同的激进驾驶作用下交通拥堵的宏观传播机制。

首先采用线性和非线性稳定性分析对新建激进驾驶交通流流体力学格子模型进行稳定性研究，并与前人提出的模型进行了对比，结果表明考虑激进驾驶效应后系统的稳定区域扩大。其次通过数值模拟验证了理论分析结论的正确性，即把利用下游近邻格点和次近邻格点方法预估的交通流量，反馈给当前车辆，使当前车辆提前调整车速，避免陷入交通拥堵状态，宏观上提高了交通流的稳定性。

（2）基于ITS的应用，本书提出了一种考虑多倍优化流差预估效应的单车道流体力学格子模型，从宏观角度考虑前方多倍优化流差的预估效应对交通流的影响，研究了该模型的亚稳态区域密度波的非线性特征。

该模型把前方 m 个格点作为一个整体来分析，考虑了非局部效应。通过稳定性分析得到了中性稳定曲线和共存曲线，采用密度-敏感系数的相空间图研究了多倍优化流差预估信息在改善交通流稳定性方面的作用，并用约化摄动法导出了密度波演化的 modified Korteweg-de Vries（mKdV）方程。理论分析和数值仿真结果均表明，m 值越大，预估作用越明显，交通流会越稳定。但考虑到现实情况中格点越远对当前格点影响程度越小，通过对加权函数参数的设定，可以获得利用前方 m 个格点的优化流差信息进行交通流优化的状态。在该状态下，既可以有效疏解拥堵，又不会产生资源浪费。

（3）在 Nagatani 提出的双车道宏观模型和前人在双车道流体力学格子模型的研究基础上，本书构建了一种考虑多倍优化流差预估效应的双车道流体力学格子模型，同时细致地研究了该模型的亚稳态区域密度波的非线性特征。

对考虑多倍优化流差预估效应的双车道流体力学格子模型进行线性稳定性分析、非线性稳定性分析和密度波仿真。理论分析表明在双车道中考虑多倍优化流差预估效应能进一步提高交通流的稳定性，最后通过数值模拟得到了在智能交通系统中前方多倍优化流差预估效应的最优作用范围。

总之，本书主要利用流体力学格子模型进行交通流宏观建模、模拟和分析，提出了几个更有前瞻性的新的流体力学格子模型，得到一些能宏观上提高交通流稳定性的方法，为将来 V2X（Vehicle-to-X）和 ITS 背景下的汽车自动驾驶和优化诱导决策提供理论依据。

目 录

第1章 绪论 ·· 1
    1.1 课题研究背景及意义 ··· 2
    1.2 课题研究现状与分析 ··· 6
    1.3 本书主要研究内容 ·· 10
    1.4 本书研究方法及路线 ··· 13
    1.5 本书的结构安排 ··· 14

第2章 交通流模型 ·· 19
    2.1 引言 ·· 20
    2.2 基本图理论 ·· 21
    2.3 交通流微观模型 ··· 26
        2.3.1 跟驰模型 ·· 30
        2.3.2 元胞自动机模型 ··· 37
    2.4 交通流宏观模型 ··· 38
        2.4.1 运动波模型 ·· 40
        2.4.2 高阶连续介质模型 ·· 42
        2.4.3 速度梯度模型 ·· 43
        2.4.4 多类别多车道运动波模型 ···································· 44
        2.4.5 流体力学格子模型 ·· 45
    2.5 交通流介观模型 ··· 48
    2.6 本章小结 ··· 52

第3章 考虑激进驾驶特性的单车道流体力学格子模型 ············· 53
    3.1 引言 ·· 54

3.2　单车道流体力学格子模型 ········· 55
3.3　单车道 DALH 模型的提出 ········· 59
3.4　DALH 模型的稳定性分析 ········· 63
3.5　DALH 模型的非线性密度波分析 ········· 66
　　3.5.1　密度波分析方法 ········· 67
　　3.5.2　模型的非线性分析和 mKdV 方程 ········· 69
　　3.5.3　数值模拟与密度波仿真 ········· 73
3.6　本章小结 ········· 78

第 4 章　考虑多倍优化流差预估效应的单车道流体力学格子模型 ········· 81

4.1　引言 ········· 82
4.2　单车道 SMOCDA 模型的提出 ········· 83
4.3　SMOCDA 模型的线性稳定性分析 ········· 88
4.4　SMOCDA 模型的非线性密度波分析 ········· 90
　　4.4.1　模型的非线性分析和 mKdV 方程 ········· 90
　　4.4.2　数值模拟与密度波仿真 ········· 96
4.5　本章小结 ········· 102

第 5 章　考虑多倍优化流差预估效应的双车道流体力学格子模型 ········· 105

5.1　引言 ········· 106
5.2　双车道流体力学格子模型 ········· 106
5.3　考虑多倍优化流差预估效应的双车道流体力学格子模型 ········· 111
　　5.3.1　双车道流体力学格子模型的提出 ········· 112
　　5.3.2　稳定性分析 ········· 115
　　5.3.3　非线性分析与 mKdV 方程 ········· 119

  5.3.4 非线性密度波全局仿真 ·· 123
  5.3.5 车流密度变化局部仿真 ·· 134
 5.4 本章小结 ·· 140

第6章 结论与展望 ·· 143
 6.1 主要结论与创新点 ·· 144
 6.2 研究展望 ·· 146

参考文献 ·· 147

第1章

绪　论

1.1　课题研究背景及意义

伴随着社会经济的发展,我国人民生活水平显著提高,社会对整体交通运输发展的需求逐渐增长,我国交通运输业也取得了长足的发展。但是,我国道路建设速度远远滞后于实际交通需求的增长,公路建设的速度远远小于汽车保有量的增长,交通问题日益显著。我国交通运输行业处于高速发展阶段,但交通问题不可忽视,全国范围内交通拥堵日益严重,不仅仅是大城市的日常拥堵程度持续攀升,小城镇节假日交通拥堵现象也一年比一年严重。

汽车整体数量的迅速增长将会进一步加剧城市内部交通道路的拥堵问题,严重情况下将会导致局部交通陷入瘫痪的境地,而交通拥堵的成本也将会影响甚至抵销驾车所获得的收益。美国每年因为交通拥堵和交通事故承受了上千亿美元的巨额经济损失;欧洲因此类事件的发生每年也损失数千亿欧元[1];在我国,近年来,北京、重庆、广州、上海等城市在通勤高峰期的交通拥堵状况较为突出。例如,百度地图发布的报告显示,2023年通勤高峰交通拥堵城市前十名分别是北京、重庆、广州、上海、武汉、长春、南京、西安、沈阳、兰州。北京交通在2023年的拥堵指数同比上涨20.13%,高峰通勤实际速度24.26km/h,拥堵指数2.125,远超其他城市。截至2023年第四季度,全国36个主要城市的道路网总体平均密度为6.5km/km^2,相较于上年度同比增长了约 1.5%。其中,深圳、厦门和成都等城市的道路网密度达到 8.0km/km²,位居前列。全国 36 个主要城市工作日高峰平均运行速度为 20.3km/h,较 2022 年下降了 2.4km/h,总体处于中度拥堵状态。其中,92%的城市工作日高峰平均运行速度处于 18~25km/h 之间。

为了进一步减轻城市交通拥堵的压力,提高交通效率,最直接的办法就是加大交通设施建设。经过多年的交通基础设施建设,我国大中城市的道路网络发展迅猛,但单靠改善交通设施来提高交通效率,不仅成本昂贵,而且效果受限。因为交通拥堵问题受到驾驶行为、交通基础设施建设以及交通管控等综合因素的影响,所以仅仅增加基建方面的建设力度难以达到理想的控制交通拥堵的效果。现代交通亟待解决以下问题:如何利用科学理论来揭示交通运行机制,准确描述交通拥堵演化机理?如何更有效地利用现有的交通资源,改善现有的交通控制和管理系统性能,提高交通通行能力,增强交通流稳定性?

在治理交通拥堵、研发和应用交通科学研究成果方面,发达国家已经取得一些显著成果。在世界范围内,ITS 的开发与应用已取得巨大成就,特别是美国、日本及欧洲等发达国家和地区已收效显著。日本的 UTMS'21 系统[2]目前已经能将交通需求和交通流信息准确传递给车辆,作为车辆的诱导驾驶信息。德国柏林交通控制中心利用道路及交通流检测信息[3]实现交通信号控制优化、可变车道管理、可变限速管理等功能。2009 年,美国发布了智能驾驶系统计划,其核心是车与车(Vehicle-to-Vehicle,V2V)、车与设施(Vehicle-to-Infrastructure,V2I)和车与其他移动设备(Vehicle-to-X,V2X)之间的高速网络。

V2X 技术主要是基于无线网络和无线通信技术来实现车辆与车辆及车辆与其他对象之间的信息交换[4]。实践证明，ITS 能使交通设施更有效、交通规划更科学、交通管理更智能[4]。我国在 1999 年成立了国家智能交通系统工程技术研究中心。2010 年，我国城市道路拥堵和交通问题对智能交通的有效需求日趋明显，各城市对 ITS 基础建设投入很大，各城市的 ITS 和高速公路智能管理系统建设已取得显著发展。我国大部分已建的高速公路和新修的高速公路都预埋了比较充裕的管道，部分管孔已铺设了光纤，为交通信息交换、智能管理和指挥调度业务打下良好基础。相对而言，虽然我国在交通建设方面取得明显优势，但在交通科学方面的研究进展滞后，因此大力发展包括交通流动力学理论、交通控制理论在内的交通科学，实现交通智能化势在必行。

交通流理论的研究旨在构建能描述实际交通一般特性和规律的交通流模型[6]，以解释交通流拥堵规律和交通控制的基本机理。ITS 的作用服务于先进交通流理论的应用，而先进的交通流理论促进 ITS 的建设。交通流理论的主要手段是建立数学模型，主要特点是能描述实际交通的一般特性，通过对模型进行标定和验证、实验求解的过程来仿真道路通行能力。目前交通流的数学模型分成宏观、微观和介观三种，它们的理论基础包括了流体力学、非平衡态统计力学、质点系动力学和离散非线性动力学等。道路交通流模型依据现代信息技术和计算机模拟技术，可以较为准确地描述、预测短时交通流演化状态[6]。借助 ITS 等信息技术，研究者们可以获取大量的实际交通实测数据，将这些数据输入交通流模型中,模拟实际道路上的车辆速度、车流密度、车流流量、车头时距、车辆加速度等参数。通过对这些数据的处理和交通流模型的数值模拟,可以得到各种交通拥堵模式和估计交通流网络的性能。这些性能包括交通拥堵产生的具体时间、拥堵持续时间、出行时间和出行延误时间等信息。这些信息可以为处于交通拥堵中的用户提供对应的参考,也为管理部门的交通控制提供数据支持[6],从而更好地指导交通工程部门制定预防和解决交通拥堵的控制策略,并为科学制定道路交通的发展战略,规划、设计和发展先进的交通管理与控制技术奠定坚实的理论基础。交通流模型是理解和预测交通系统动态行为的重要工具,但至今尚未有一个能够完全普适地描述所有交通现象和条件的模型。这主要是因为交通系统的复杂性,包括车辆之间的相互作用、驾驶员行为的多样性、道路条件的差异、交通规则的多样性以及外部环境因素(如天气、时间等)的影响。针对这种情况,大力发展各种宽普型(适用范围广、灵活性强)且适合我国交通流特点的具有鲁棒性、合理性、简单性和仿真快速性的交通流模型显得尤为必要[6]。大规模的城市交通管理和控制要求宏观的整体协调管理,因此我国必须从宏观协调的角度去研究和发展交通流理论。本书研究的流体力学格子模型是宏观交通流模型的研究热点。因此,在 ITS 发展的背景下,在不同的交通场景下建立符合我国交通实际的交通流模型,通过数值仿真来模拟和估算交通流状态的演化,寻求适合我国交通实际发展的交通拥堵控制方法,具有重要的理论意义和实际应用价值。

1.2 课题研究现状与分析

1）现有交通流模型对交通流演化机理和抑制的研究

目前，交通流的数学模型可以分为微观模型、宏观模型和介观模型三种，分别从微观角度、宏观角度和介观角度研究前后车辆之间的相互作用对交通流的影响和对双车道间车辆的相互影响。微观模型是指交通流离散模型，典型微观模型分为跟驰模型和元胞自动机模型。宏观模型研究车辆集体的综合平均行为，典型宏观模型主要有流体动力学模型和流体力学格子模型。这些模型都不同程度地反映了实际的交通现象，其原理特征和发展沿革将在本书第2章介绍。

从微观角度研究前后车辆之间相互作用对交通流的影响，主要考虑多车信息对跟驰车产生影响的跟驰模型和元胞自动机模型两个方面。跟驰模型中比较典型的有多速度差和多车头间距结合起来的跟驰模型[8]，多倍预估模型和优化速度（Optimal Velocity，OV）模型结合的跟驰模型[9]，多倍预估模型和智能驾驶（Intelligent Driver Model，IDM）模型相结合的跟驰模型[10]，等等。元胞自动机模型方面的研究主要集中在考虑多车信息的合作驾驶元胞自动机模型[11-12]。从微观角度研究车道间车辆相互作用对交通流的影响，比较典型的模型有考虑车道间车辆相互作用的双车道跟驰模型[13-14]和考虑车道间车辆相互作用的双车道元胞自动机模型[15-16]。

从宏观角度研究前后车辆之间作用对交通流的影响，是把交通流看作一个整体，采用流体力学思想进行研究，典型代表模型是高阶连续介质模型和流体力学格子模型。高阶连续介质模型反映的是密度-速度非平衡态交通流特性，主要研究多车信息对交通流的影响。流体力学格子模型是将交通流连续介质控制方程离散化的模型，最早研究源于 Nagatani 提出的流体力学格子模型[17]，主要代表模型是合作驾驶的流体力学格子模型[18-19]。从宏观角度研究车道间车辆相互作用对交通流的影响，是考虑了换道行为对交通流量守恒的影响的研究，典型代表模型是两车道高阶连续介质模型[20-21]和格子两车道模型[22-23]。

2）宏观交通流理论是未来的研究重点

从人口增长的角度来看，中国的城镇化率在 2011 年已经超过了 50%，并预计在未来几十年内继续增长。根据研究推测，2011—2050 年中国城镇化增速将趋缓，但到 2050 年城镇化率将达到 81.63%，这便对未来城市规划，特别是城市交通规划，提出了科学规范的要求。但我国又不能简单地应用现有理论去规划未来。对发达国家来说，大规模的城市规划和建设已经基本完成，交通规划理论已经不再是研究热点和重点，但实际上目前有些发达国家存在城市土地利用与交通不协调、出现空心化等问题，这说明原有规划理论存在很大问题，需要改进。我国的城市化进程加速，面临结构调整、产业转型等挑战，需要认清国情，提炼国外先进经验，走具有中国特色的城市化和城市规划道路。城市交通规划必须面向未来，不能简单地应用发达国家原有的理论去规划。现代城市交通管理和控制的重点已经从微观的单个交叉口的管理转移到宏观的整体协调管理。因此，对交通流理论的研究和发展必须从宏观协调方面入手，而宏观交通流理论是交通规划的基础理论，有必要对其进行重点研究。本书主要研究的交通流流体力学格子模型属于宏观交通流理论范畴。

3）驾驶员驾驶行为与交通流的稳定性关系密切

在交通拥堵控制中，通常是以车辆运行状态感知为基础，基于相应的车辆运动学模型和拥堵机理，找到合适的控制决策去操控车辆并改变其运行状态。在此过程中，在物理系统中对车辆运行状态的感知与操控，以及在信息系统中对车辆运行状态的分析处理及作出控制决策，是交互融合的过程。交通的最优控制、交通状况仿真和拥堵预防等都是以描述交通车辆速度、交通车流密度和交通车流流量三者之间关系的交通流模型为基础。随着现代交通水平的发展，交通车流密度日趋增大，前后车辆之间的相互作用和影响逐渐增大，多车道的相邻车道间车辆的相互作用和影响也逐渐增强。一方面，当前车辆的驾驶行为受前方车辆的行驶状态影响；另一方面，驾驶员的驾驶行为受到驾驶员的驾驶经验和心理作用影响。深入研究这些作用对整个交通流的影响和对整个道路通行能力的影响，以及理解道路交通流的演化机理，是控制科学研究的重点和热点。

4）交通流流体力学格子模型及拥堵控制方法研究

由于流体力学模型能够从宏观上描述交通流的整体特征，其自提出后便被广泛应用于实测交通数据的相变现象模拟。Nagatani借鉴微观跟驰模型思想，利用优化速度函数把流体力学模型离散化得到了一个简单的流体力学格子模型[17][24]。流体力学格子模型成为宏观模型和微观模型的桥梁，兼具两者的特点，且其简化型便于计算和仿真。研究者们基于Nagatani的流体力学格子模型研究，发展和提出了很多扩展的流体力学格子模型，用于研究实际交通流中的各种非线性现象。薛郁在智能交通环境下提出了一种考虑前方最近邻和次近邻格子之

第1章 绪　论

间相互作用的扩展流体力学格子模型[25]。葛红霞进一步利用智能交通系统环境，提出了一种考虑前方任意数量格子信息影响的扩展流体力学格子模型[18]。Zhu 等人提出了考虑最优流量影响的扩展流体力学格子模型①，考察其缓解交通拥堵的效果[26-27]。彭光含等结合各种路况信息，考虑驾驶员预估效应、驾驶员记忆效应等，对流体力学格子模型做了一系列研究[28-32]。葛红霞和程荣军等结合"后视"作用进一步改进了格子流体力学模型，并在中性稳定曲线附近推导出 KdV 方程[19]。S. Sharma 结合驾驶员驾驶行为和超车特性，对格子流体力学模型进行了一系列研究[33-34]。另外，李志鹏[35]、田钧方[36-37]、王涛[38-39]和 Gupta[40-41]针对车道间车辆相互作用影响对 Nagatani 的格子流体力学模型进行了改进，提出一系列扩展模型，这些模型具有较好的性能。

目前的交通流流体力学格子模型主要通过考虑前后车辆之间相互作用信息对交通流的作用和对双车道间车辆的相互影响，建立宏观流体力学格子模型来研究交通系统的复杂作用关系[30]。但因为交通系统是复杂系统，现有的交通流流体力学格子模型虽然对模拟实际交通中的一些前后车辆之间相互作用和车道间车辆相互作用的交通状态演变进行了一定研究，但还存在很多现象和演化机理没有被深入研究。比如，单车道宏观模型方面还没有涉及前方多格点优化流差的预估信息及多车信息对交通流影响的研究；多车道宏观模型方面，缺乏多格点优化流差预估效应和驾驶员预估效应对多车道宏观交通影响的研究。

---

① 有些文献中也称格子流体力学模型。

另外，还有一类模型主要考虑与驾驶员有关的信息对交通流产生的影响。比如后视效应[19]、驾驶员记忆效应[30]、超车效应[35][42]、驾驶员预估效应[29][43-44]、驾驶员延迟反应特性[45-47]等。在实际中，驾驶经验丰富的驾驶员往往会根据前方交通状态，选择使车辆最快的驾驶行为。若前方交通通畅，有经验的驾驶员往往会有激进驾驶倾向。驾驶员会预测下一时刻次近邻车的行驶情况，从而对当前车速进行调整。也就是说，当前方交通状态良好，即使当前车辆与前车间距较小，当前车也并不会采取明显的减速行为，而是保持紧密跟驰前车状态。而目前的模型中没有考虑到驾驶员的这种激进驾驶心理与行为特征。

因此，本书从交通流模型的原理特征出发，结合对交通流理论的深入分析，探讨什么样的驾驶行为、什么类型的信息、多大范围的前方车辆信息有利于交通流的稳定；建立相应的宏观交通流流体力学格子模型，通过理论分析来获得在 ITS 中车流密度和流量的变化规律；通过模拟试验验证模型的合理性和必要性，从而为道路交通流的智能控制和优化诱导提供新的理论支持。

1.3　本书主要研究内容

本书的研究工作是在湖南省教育厅重点科研项目"基于随机干扰信息的交通流协同建模与优化控制"（编号：23A0507）的背景下开展的。

第 1 章　绪　论

随着 ITS 的发展，驾驶员能够及时掌握周边车辆的所有状态，如车辆的加速度、车头间距、延迟时间以及车辆行驶速度等。驾驶员通过对这些信息的了解，便可对接下来交通流的情况进行预测，再以此来对自身的驾驶行为进行调整。在分析前方交通状态以及驾驶员预估效应和反应异质性对交通流影响的基础上，本书提出了几种符合现代交通实际的交通流模型，并进行系统的理论分析和数值模拟，以研究交通流中各种非线性现象，验证模型的合理性和必要性，得到更符合交通实际的结果。

本书主要研究内容有以下几个方面。

（1）从宏观层面，针对不同驾驶员对前方信息的判断和预估可以反馈不同的驾驶行为的事实，考虑激进驾驶偏好异质性的因素，构建一种激进驾驶偏好异质驾驶模型，探索不同的激进驾驶偏好作用下交通拥堵宏观传播机制。

基于 Nagatani 流体力学格子模型，从中国人多车多的现状下分析了驾驶员激进驾驶行为特性（Driver's Aggressive Effect，DAE）的异质性对车流运动状态的作用，构建了一个考虑激进驾驶特性的单车道流体力学格子模型（Driver's Agrressive Lattcie Hydronamic，DALH）。通过线性稳定性分析、非线性分析和动力学模拟与经典模型进行对比和仿真，证实了模型的合理性和有效性，为增强交通流稳定性、减少交通拥堵提供了一个可参考的思路。

（2）从宏观层面，考虑多倍优化流差的预估效应，构建一种新的考虑多倍优化流差预估效应的单车道流体力学格子模型，探索了驾员对前方多大范围的优化流差和多大程度的预估效应能有效地提高交通流的稳定性。

基于 Nagatani 格子流体力学模型，考虑多倍优化流差预估（Multiple Optimal Current Differences'anticipation，MOCDA）效应的异质性对车流运动产生的影响，提出了一个考虑多倍优化流差预估效应的单车道流体力学格子模型（Single-lane MOCDA，SMOCDA）。通过线性稳定性分析、非线性分析和动力学模拟与经典模型进行对比和仿真，得到理论分析和数值仿真的结果统一，验证了利用多倍流差预估信号的拥堵抑制方法能促进交通流稳定，有效地缓解交通拥堵。

（3）在前人的研究基础上，首先单独考察了优化流差效应和预估效应在提高交通稳定性方面的积极作用，然后进一步研究在换道和不换道情况下多倍优化流差预估效应对双车道交通流稳定性的影响，提出了一种考虑多倍优化流差预估效应的双车道流体力学格子模型（Double-lane MOCDA，DMOCDA），研究其非线性密度波特性。

通过线性稳定性理论分析，得到 DMOCDA 模型的线性稳定条件；通过非线性分析，得到描述交通拥堵密度波的 mKdV 方程及其解；通过数值模拟分析，得到多倍优化流差预估效应的最优作用范围。

总之，本书基于现有各种宏观交通流模型和微观交通流模型的综合分析，利用智能交通信息交换应用前景，提出几种更加符合现代交通实际的宏观流体力学格子模型，从理论上深入研究交通流内在的复杂的非线性特性，进一步揭示控制交通流动的基本规律，从而提出抑制交通拥堵的措施，以提高交通通行能力，并为道路交通流的智能控制和优化诱导提供新的理论支持。

1.4　本书研究方法及路线

本书综合运用交通流理论、控制理论、系统稳定性分析、交通仿真技术以及概率统计学等相关知识，使用了定量建模与定性分析相结合以及理论分析与仿真验证相结合的研究方法。在理论方面，研究和借鉴国内外研究成果，从城市主干道交通流空间与时间方面的特点出发，引入一些优化交通流稳定性的控制策略，在定性分析的基础上，进行合理抽象与推理，建立城市交通流拥堵抑制的方法及模型体系。在实践方面，拟进行交通流的实测与模型的实证研究，再通过与城市交通路网具体情况相结合，将理论与实践进行进一步的融合，并以项目为依托展开论证与修正。

本书将研究路线大致分为三个阶段。

第一阶段：现状分析及理论方法综述。搜集和梳理国内外城市道路交通流模型的发展和沿革路线，分别从微观、介观和宏观方面展开对交通流演化机理和稳定性控制策略的研究和综述，总结研究成果和存在的不足之处，提出本书研究的切入点。

第二阶段：模型构建。针对交通流车辆间耦合效应和驾驶员预估效应的异质性对交通流的影响，提出更符合现代交通实际的交通流模型，进行模型参数的标定。建立交通流模型是为了解释交通现象和解决交通问题，因此，在建立交通流模型时不能脱离实际而追求形式上的完整和数学上的完善。建立模型时要重点研究设计什么样的模型才能对所关心的交通流现象有一个很好的描述。在参数确定上要重点研究如何确定模型中的参数使模型能得以应用。

第三阶段：模型验证和改进。通过线性稳定性分析得到控制系统的临界稳定性条件，并运用摄动理论得到基于系统的密度波传播规律的 mKdV 方程。通过对控制系统在不稳定区域密度波的波动幅度和传播速度研究，验证模型的有效性。

研究路线图如图 1.1 所示。

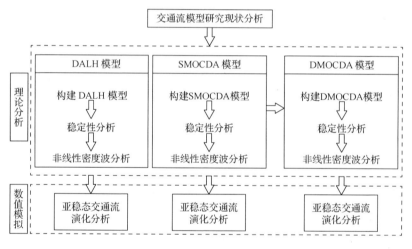

图 1.1　研究路线图

1.5　本书的结构安排

本书基于交通流理论，针对交通系统中驾驶员的驾驶特性以及驾驶员对前方多格点优化流差的预估信息作用于交通行为的影响展开分析与建模,使得新建模型能够模拟出真实交通中存在的部分现象,从而使模型更加符合实际,并通过模拟验证模型的有效性,为交通工程提供理论依据。

本书共分6章,既讨论了驾驶员预估效应、延迟反应效应、激进驾驶效应,又讨论了前后车辆之间相互作用和车道间车辆换道作用;既研究了相应的单车道宏观流体力学格子模型,又研究了相应的双车道宏观流体力学格子模型。本书结构图如图1.2所示。各章节主要内容和安排如下。

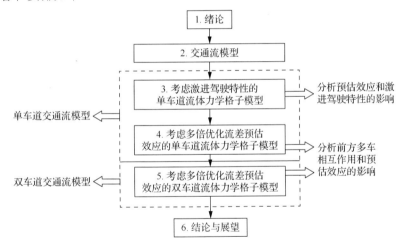

图 1.2　本书结构图

第1章,绪论。阐述了课题的研究背景及意义、研究现状及分析,介绍了本书的研究内容、研究方法、研究路线以及本书的结构安排。

第2章,交通流模型的研究现状和沿革分析。分别从交通流微观模型、宏观模型、介观模型介绍交通流模型的发展沿革,对交通流模型的发展脉络进行梳理,形成了以交通流的发展时间为轴线,以关键模型为支点的交通流发展树状图,给未来的交通流理论的发展提供了重要的参考意义。

第 3 章,考虑激进驾驶特性的单车道流体力学格子模型的构建与有效性分析。在 Nagatani 提出的离散宏观模型基础上,考虑驾驶员根据前方次近邻车辆行驶状态预估未来短时间内的交通状态,从而提前调整当前车的行驶速度的激进驾驶行为特性,建立 DALH 模型[48]。应用线性稳定性方法对 DALH 模型进行线性稳定性分析,得出中性稳定曲线,利用非线性分析得到交通流的扭结-反扭结孤立波解。理论结果表明,有经验的驾驶员,在适当考虑前方交通状态下,有根据当前状态预估未来短时间内交通状态的能力,该能力能刺激驾驶员提前调整当前车速,避免陷入交通拥堵,提高交通流的稳定性。最后通过数值模拟验证了理论分析的结果。从分析结果可知,预估前方近邻格点和次近邻格点的交通信息,做出一定程度的激进驾驶行为,在一定程度上能够提高交通流的稳定性。

第 4 章,在 Nagatani 提出的单车道宏观模型基础上,很多学者分析了考虑前方流量差、密度差和驾驶员预估效应对交通流稳定性的影响,但对多倍流差预估效应的影响还没有研究。本章基于现有研究现状,研究当前格点对前方多格点优化流差的预估效应对流体力学格子模型稳定性的影响,构建了考虑多倍优化流差预估效应的 MOCDA 模型[49],对 MOCDA 模型进行理论分析和数值仿真。结果表明,多倍优化流差预估效应能够提高交通流的稳定性。

第 5 章,在 Nagatani 提出的双车道宏观模型基础上,首先分析了优化流差效应和预估效应在提高交通稳定性方面的积极作用,然后将多倍优化流差预估效应引入到双车道交通流模型中,分析驾驶员对前方多格点优化流差的预估效应,构建了考虑多倍优化流差预估效应的双车道流体力学格子模型,对该模型进行线性稳定性分析和非线性分析。理论结果表明,考虑多倍优化流差预估效应能够在宏观上提高交通流的稳定性。

第 6 章,结论和展望。总结本书的研究成果,明确其中的论点和创新点,进而展望未来工作的愿景。

第 2 章

交通流模型

2.1 引　　言

现代交通流理论是通过现场数据采集、理论模型建立、数值模拟和实时仿真等手段[11]，研究交通流的非线性物理性质，探讨汽车流、行人流等交通流在不同条件下的交通状态演变规律，比如道路交通瓶颈的分析和控制机理、激波在道路交通流中的传播和消散规律、畅行相交通流到同步相交通流再到阻塞相交通流的演变规律、非线性密度波的时空演化规律、交通信号控制的优化配时等，为现有交通资源的充分利用、新建道路设施的规划设计以及交通系统的优化管控提供必要的科学依据。

对交通流理论的研究的一个重要手段是采用交通流模型的方法。真实道路上的交通流是随时间和空间两个变量而变化的，同时还受随机因素的影响。时间和空间可以无限分割为离散的变量，随机因素却难以控制，这就导致不同空间和时间下的交通流状态变化极大，也就是说难以得到精确的交通流规律。在实际研究中，只能根据实际需要建立相应的实用的数学模型，把无穷维、非线性、随机性的实际交通流抽象成有穷维、线性、确定性的各种便于分析的数学模型，进而实现对交通流规律的研究。

自 20 世纪以来，交通流模型得到不断发展，主要用于理解、描述和预测交通流。本章我们主要以交通流的发展时间为轴线，探讨各个时期标志性交通流模型的形成和发展脉络，以及各种交通流模型之间的相互关系。本章的讲解也为后面章节研究内容的开展打下了坚实的基础。

2.2 基本图理论

Greenshields 等在 1934 年首次提出了车距与速度之间的关系,用来呈现被观察的交通状态[50]。一般来说,交通流的基本图是在流量与密度平面上,交通流的稳定状态对应于一条经过原点且至少有一个最大值的曲线,流量和密度两者之间的关系曲线表示为:

$$q = \rho v_e(\rho) \tag{2.1}$$

其中,q 表示平均流量,ρ 表示平均密度,$v_e(\rho)$ 表示平均速度。

式(2.1)表示的关系适合于所有稳定的交通流。稳定状态是假设道路上由所有车辆构成的车流运动均满足平衡速度-密度关系,即在任意时刻任意车辆的运动车速都保持不变,任意两辆车之间的间距都保持恒定。但是实际交通中大部分真实交通流多处于非恒定状态,比如车辆会时走时停或者出现交通迟滞,因此式(2.1)表示的基本图是密度-流量图的理想状态。

Greenshields 等提出的基本图,在密度-流量平面是抛物线形的,在密度-速度平面是线性的,如图 2.1(a)和图 2.2(a)所示。此后,许多其他形状的基本图被相继提出[51]。沿用最多的是 1994 年提出的 Daganzo 基本图,在密度-流量平面呈三角形,在密度-速度平面呈双线性,如图 2.1(b)和图 2.2(b)所示。Smulders 在 1990 年提出的基本图,结合了以上两者的特点,在低密度区为抛物线形而在高密度区为线性关系,如图 2.1(c)和图 2.2(c)所示。此外,Drake 等在 1967 年提出的 Drake 基本图描述的密度-流量关系和密度-速度关系如

图2.1（d）和图2.2（d）所示。

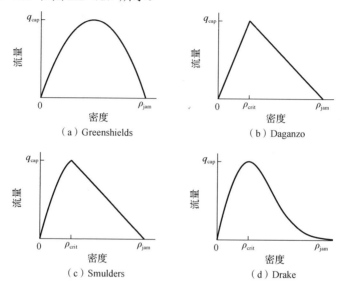

图 2.1 密度-流量基本图的不同形状

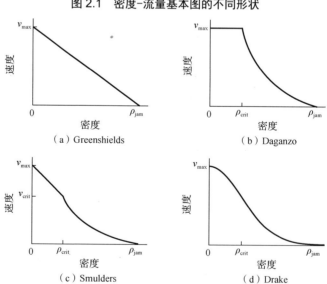

图 2.2 密度-速度基本图的不同形状

Del Castillo 指出,较好的基本图关系应该满足下述特征属性[52]。

(1) 0<速度的大小<最大值 $v_{\max}$。

(2) 0<密度的大小<最大值 ρ_{jam}。

(3) 当密度为 0 时,速度为 $v_{\max}$;当密度为 ρ_{jam} 时,速度为 0。

(4) 当速度为 0 时,密度为 ρ_{jam};当速度为 $v_{\max}$ 时,密度为 0。

(5) 最大速度和阻塞波分别处于基本关系图中极限密度处,即 $v_{\max} = \mathrm{d}q/\mathrm{d}\rho(0)$ 和 $w = \mathrm{d}q/\mathrm{d}\rho(\rho_{\text{jam}})$。

(6) 基本关系严格凹,即 $v_{\max} = \mathrm{d}^2q/\mathrm{d}\rho^2 < 0$,$\forall 0 < \rho < \rho_{\text{jam}}$。

(7) 存在一个最大流量 $q_{\text{cap}} = \max_{0 < \rho < \rho_{\text{jam}}} q(\rho)$。

如果以上条件都满足,则有 $q_{\text{cap}} = \rho_{\text{crit}} v_{\text{crit}}$,$\rho_{\text{crit}}$ 和 v_{crit} 为最大流量对应的密度和速度。我们可以画出一个较好的基本图及其属性关系,如图 2.3 所示。ρ_{crit} 将基本图分为两部分,第一部分为 $\rho < \rho_{\text{crit}}$ 和 $v < v_{\text{crit}}$ 时的车流稳定畅行状态,此时流量随着密度的增大而增大;第二部分为 $\rho > \rho_{\text{crit}}$ 和 $v > v_{\text{crit}}$ 时的车流拥堵状态,流量随着密度的增大而减小。

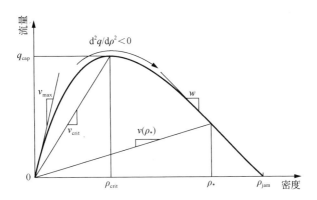

图 2.3 Del Castillo 认为较好的基本图及其属性关系

基本图方法对交通流不稳定的解释是基于车辆速度调整延迟的现象出发的,又可称为停车启动波。速度调整延迟通常是因为驾驶员有限的反应与车辆有限的减速能力引起的。图 2.4 所示为停车启动波的产生示意图。假设在道路上存在一条处于稳态、速度为 v 的车队。

(1) 在 $t=t_0$ 时,车辆 1 开始减速;当速度减至 v_1 后,以匀速状态行驶。

(2) 此时,车辆 1 的减速会使得跟驰车 2(车辆 2)的最优速度变为 v_1;假设在 $t=t_1$ 时,车辆 2 的速度为 v_1。

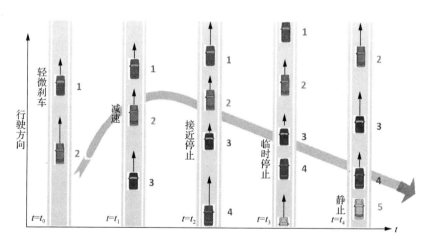

图 2.4　停车启动波的产生示意图

(3) 如果车辆 2 的速度调整时间 (t_2-t_1) 足够长,或车流密度足够大,那么在 $t=t_1$ 时刻,车辆 2 与车辆 1 的间距一般会比稳态间距 $s_\mathrm{e}(v_1)$ 小,所以车辆 2 会继续保持减速行为;假设减至 v_2。

(4)同理,车辆3也需要一定的车速调整时间;假设车辆3在$t=t_2$时减速至$v_3(v_3<v_2)$。

(5)这种减速行为会一直向道路上游方向传播;假设在$t=t_3$时,这种减速行为使车辆4的速度减为0,如此一来,便引起了停车启动波。

以上这种引起停车启动波的原理可用来解释幽灵堵塞现象的发生。如果密度足够小或者大部分驾驶员的反应都比较迅速(反应延迟时间非常小),那么停车启动波便难以形成。在基本图方法看来,停车启动波的产生与消散过程与以下三要素相关。

① 车辆的速度调整时间。

② 交通流的密度。

③ $v_e(\rho)$的大小(影响车辆的加减速能力)。

交通流不稳定性描述的是交通流趋于震荡状态的一种趋势。根据震荡的幅度和震荡趋势的不同,交通流不稳定性可以分为线性不稳定和非线性不稳定。线性不稳定指的是任意小的扰动都会随着时间的增大而增大的情况。非线性不稳定指的是小的扰动会随着时间推移逐渐消失而较大的扰动发展成持续的交通波的情况。关于线性不稳定和非线性不稳定的详细定义,Treiber[53]有详细阐述。在微观跟驰模型或二阶宏观模型里,在一段特定的密度下,交通流可能处于线性稳定状态也可能处于非线性不稳定状态,这一状态被称为亚稳态[54]。在亚稳态区域,同一密度对应两个流量,一个是线性稳定状态的自由流的高流量,在自由流状态时,车辆都以期望的最大速度自由行驶;另一个是非线性不稳定状态的拥挤流的低流量。这样一来,在密度-流量三相基本图中存在两个分支:自由流分支和拥挤流分支,呈现反λ形状,如图2.5所示。

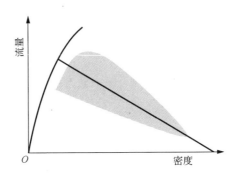

图 2.5 密度-流量三相基本图的形状

所有交通流模型都是以基本图为依据的。基本图描述的是车头间距与速度、密度与速度、密度与流量之间的关系,这些关系可以通过微观、宏观和介观模型来描述。19 世纪 30 年代,基本图被提出;19 世纪 50 年代,交通流微观模型和宏观模型被提出,一部分国内外学者开始把目光从基本图关系研究转移到对交通流理论模型的研究[55],并通过建立合适的交通流模型来描述和解释实际交通中出现的各种现象。在最近 40 年间,这三种交通流建模方法得到迅猛发展,并且出现了越来越多的分支。下面分别介绍微观、宏观和介观模型,梳理出典型的研究成果和研究方向,以作为新的交通流理论研究的基础。

2.3　交通流微观模型

交通流微观模型是动态交通流模型中最早的交通模型体系。该模型基于这样一个假设,即后车驾驶员根据前车行为来调整他们的行为。交通流微观模型主要描述单个车辆之间的跟驰行为与换道行为。

在交通流微观模型中,车辆按照它们的顺序进行编号。设 n 是当前车辆,那么 $n-1$ 表示前车, $n+1$ 表示跟驰车,以此类推,如图 2.6 所示。每辆车的驾驶行为与前车位置 x 有关,车速 $v=\mathrm{d}x/\mathrm{d}t$,加速度 $a=\mathrm{d}v/\mathrm{d}t=\mathrm{d}x^2/\mathrm{d}t^2$ 。

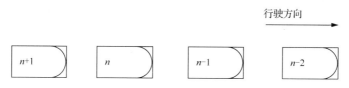

图 2.6 交通流微观模型中的车辆编号

我们可以将车流密度、车流流量定义为交通流微观变量的导数。$t_j(x)$ 表示第 j 辆车通过位置 x 的时间。$h_j(x)$ 表示车头时距,其数学表达式为 $h_j(x)=t_j(x)-t_{j-1}(x)$,即第 j 辆车和第 $j-1$ 辆车分别到达位置 x 的时间之差。另外,$x_j(t)$ 表示第 j 辆车在 t 时刻的位置。$s_j(t)$ 表示第 j 辆车与第 $j-1$ 辆车的车头间距,其数学表达式为 $s_j(t)=x_{j-1}(t)-x_j(t)$,即第 $j-1$ 辆车与第 j 辆车在 t 时刻的位置差。以上这些变量是交通流微观变量,可以用图 2.7 和图 2.8 来描述。

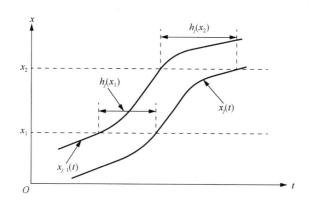

图 2.7 前后两辆车的车头时距轨迹

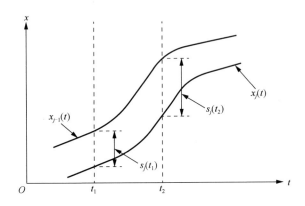

图 2.8 前后两辆车的车头间距轨迹

根据以上交通流微观变量，车流密度、流量和速度的表达式如下：

$$\rho(x,t) \equiv \frac{1}{s_j(t)}, \quad x \in \left[x_j(t), x_{j-1}(t)\right] \qquad (2.2)$$

$$q(x,t) \equiv \frac{1}{h_j(x)}, \quad t \in \left[t_{j-1}(x), t_j(x)\right] \qquad (2.3)$$

$$v(x,t) = \frac{q(x,t)}{\rho(x,t)} = \frac{s_j(t)}{h_j(x)}, \quad t \in \left[t_{j-1}(x), t_j(x)\right], x \in \left[x_j(t), x_{j-1}(t)\right]$$

$$(2.4)$$

交通流微观模型主要以元胞自动机模型和车辆跟驰模型为代表。图 2.9 中展示了微观模型中主要的车辆跟驰模型以及它们的发表时间。

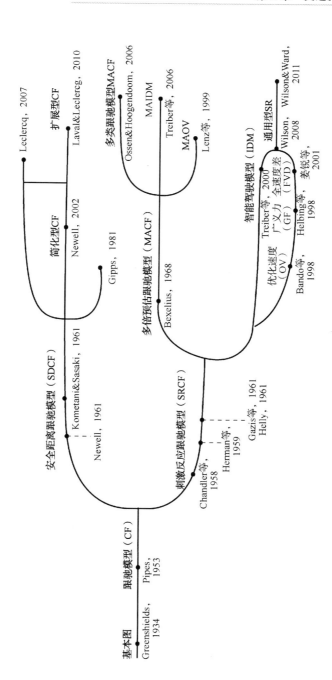

图 2.9 交通流微观模型的发展

2.3.1 跟驰模型

车辆跟驰规则是当前跟驰车辆根据与前车的跟驰距离来调节跟驰车的跟驰速度。主要的跟驰模型有 Pipes 模型、Newell 模型、Gazis 模型、优化速度模型（OV 模型）、广义力（Generalized Force，GF）模型、全速度差（Full Velocity Difference，FVD）模型和智能驾驶模型（IDM 模型）。其中全速度差模型、广义力模型、优化速度模型和智能驾驶模型比较适用于实际应用，与实际相符度较好。虽然跟驰模型有很多种，但基本都是对车辆受到刺激进行相应响应的描述，可以用相同的数学表达形式来进行归纳[56]，即：

$$a_n(t) = f_n(v(t), s_n(t-\tau), \dot{s}_n(t-\tau)) \quad (2.5)$$

式中，v 代表车辆行驶速度，t 代表时间，n 表示车辆标号（$n+1$ 车是前车，n 车是跟驰车），τ 表示车辆延迟时间，通常包括车辆机械调节延迟时间和驾驶员反应延迟时间两部分，而 $s_n = x_{n+1} - x_n$，为空间车头间距，$\dot{s}_n = v_{n+1} - v_n$ 是相对速度。

1. 安全距离跟驰模型

Pipes 在 1953 年提出了描述前车位置和其跟驰车位置的函数关系式[57]：

$$x_{n-1} = x_n + d + Tv_n + l_{n-1} \quad (2.6)$$

式中，T 为不包括车辆长度的最小车头时距，d 为 t 时刻两车之间的距离，l_{n-1} 为前车的车长。Pipes 的跟驰模型的参数如图 2.10 所示。

对式（2.6）进行时间求导，得到该模型的另一种表示：

$$a_n = \frac{v_n - v_{n-1}}{T} \tag{2.7}$$

该式表明，当与前面车辆的距离变大时，车辆加速，反之减速。特别是当最小车头时距 T 越小时，加速或减速现象越明显。

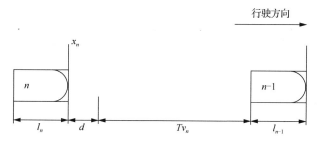

图 2.10　Pipes 的跟驰模型的参数

1961 年，Kometani 和 Sasaki 从牛顿运动方程中推导出跟驰模型[58]。假设即使前面车辆的行为不可预测，驾驶员仍然能够避免撞车。他们提出的跟驰模型数学公式中，有一项参数描述的是车辆对前方交通行为作出驾驶反应的延迟时间 τ 。

1981 年，Gipps 提出一种改善了的安全距离跟驰模型[59]。此方法从两个假设出发：一是车辆行驶的速度有上限；二是在最快行驶速度下，车辆要符合安全距离条件。此模型表达如下：

$$v_n(t+\tau) = \min\left(v_n(t) + 2.1 a_{\max} \tau \left(1 - \frac{v_n(t)}{v_{\max}}\right) \sqrt{0.25 - \frac{v_n(t)}{v_{\max}}}, \right.$$
$$\left. a_{\min}\tau + \sqrt{a_{\min}^2 \tau^2 - a_{\min}\left(2(x_{n-1}(t) - x_n(t) - s_{\mathrm{jam}}) - v_n(t)\tau - \frac{v_{n-1}(t)^2}{b}\right)} \right)$$

$$\tag{2.8}$$

式中，a_{max} 是最大加速度，a_{min} 是最小加速度或最大减速度，v_{max} 是预期最大速度，s_{jam} 是车辆静止时的车头间距。

1961 年，Newell 提出了一种简单的考虑延迟反应的安全距离模型[60]：

$$v_n(t) = v_n(x_{n-1}(t-\tau) - x_n(t-\tau)) \tag{2.9}$$

Newell 认为车辆需要根据 t 时刻的车头间距的大小来调整 $t+\tau$ 时刻的车速，车辆在延迟时间 τ 内调整车速达到最优速度 $V(\Delta x_n(t))$。

$$v_n(t+\tau) = V(\Delta x_n(t)) \tag{2.10}$$

最优速度 $V(\Delta x_n(t))$ 的求解方法如下：

$$V(\Delta x_n(t)) = V_0\{1 - \exp[-(\Delta x_n - x_c)/(v_0 T_f)]\} \tag{2.11}$$

式中，V_0 表示期望速度，T_f 表示高密度行驶情形中跟车的安全时间间隔，x_c 表示安全距离。稳定性条件是 $\tau \geq 2T_f$。由于是对速度建立的关系式，该模型存在一个问题，即在交通灯转绿的瞬间，车辆加速度为无穷大。

2002 年，Newell 又提出了一种简化了的跟驰模型，其表达式为[61]：

$$x_n(t+\tau_n) = x_{n-1}(t) - s_{jam,n} \tag{2.12}$$

式中，$s_{jam,n}$ 表示每辆车的有效长度。

2010 年，Laval 和 Leclercq[62]提出了一种与 Newell 跟驰模型（2.9）类似的扩展模型，该模型既考虑了驾驶员开慢车、不超车，又考虑了驾驶员开车快、喜欢超车的行为特性。

2. 刺激反应跟驰模型

跟驰模型的另一个分支是基于刺激反应的车辆跟驰模型。在这类模型中，驾驶员通常根据当前车辆的速度、当前车辆与前车之间的距离以及当前车与前车之间的相对速度来调整速度。从图2.9可以看出，20世纪五六十年代，基于刺激反应的车辆跟驰模型发展迅速。

1958年，Chandler等[63]研究提出，车辆根据t时刻的前后车辆的相对速度差调整$t+\tau$时刻的车速，车辆在延迟时间τ内通过调整前后车辆速度差来获得加速度。用公式表示为：

$$a_n(t+\tau) = \lambda(\Delta x_n - c - T_1 v_n) \tag{2.13}$$

式中，τ表示延迟时间，λ表示敏感系数，T_1表示安全时间间隔，c表示车辆平均长度。稳定性条件是$T_1^2 < 1/2\lambda$。

1959年，Herman等通过对Chandler工作的继续研究，发现相较于最近邻前车，驾驶员更多地考虑更大范围的前方交通。Herman等提出了一个能够反映前方两个位置上车辆情况的模型[64]，如下所示：

$$a_{n+1}(t+\tau) = \lambda_1 (v_{n+1} - v_n)|_{t-T_1} + \lambda_2 (v_{n+2} - v_n)|_{t-T_2} \tag{2.14}$$

式中，T_1表示与最近邻前车有关的延迟时间，T_2表示与次近邻前车有关的延迟时间，λ_1、λ_2是相应的敏感系数。

1961年，Gazis、Herman和Rothery为了得到拥挤道路上定态的流量-密度关系表达，提出了著名的GHR模型[65]：

$$a_n(t) = \lambda \frac{(v_{n-1}(t))^{c_1}}{(s_n(t-\tau))^{c_2}} \dot{s}_n(t-\tau) \tag{2.15}$$

式中，$\lambda\dfrac{(v_{n-1}(t))^{c_1}}{(s_n(t-\tau))^{c_2}}$ 表示第 n 辆车的敏感度；$\dot{s}_n(t-\tau)$ 为前车与后车的速度差（接近速率），称为刺激；加速度 $a_n(t)$ 称为反应。因此该模型称为刺激反应跟驰模型。

3. 刺激反应跟驰模型最新发展

在 20 世纪 90 年代中期，刺激反应跟驰模型进入发展高峰期，研究者们相继提出新的模型。Bando 改进了传统的跟驰模型，提出了优化速度函数，使得跟驰模型获得了进一步的发展。优化速度函数的选择可以避免加速度无穷大的问题，能对实际的交通状况进行确切的模拟。在此基础上，进一步考虑了换车道规则后，优化速度跟驰模型不仅能避免出现前后跟驰车辆撞车或加速度无穷大的情况，还能描述车辆换道行为。优化速度跟驰模型的提出标志着跟驰模型在当时成为交通仿真舞台的主角，并在此后很长一段时间内优化速度跟驰模型都被用作交通微观仿真软件的内核。

Bando 等[7]认为，驾驶员加速或减速的目的是达到一个最优的速度。OV 模型表达式为：

$$a_n(t)=\dfrac{\mathrm{d}v_n(t)}{\mathrm{d}t}=\gamma\bigl(V(\Delta x_n(t))-v_n(t)\bigr) \tag{2.16}$$

式中，γ 是敏感系数，$V(\Delta x_n(t))$ 为 t 时刻的最优速度。

最优速度表达式为：

$$V(\Delta x_n(t))=\dfrac{v_{\max}}{2}[\tanh(\Delta x_n-h_c)+\tanh(h_c)] \tag{2.17}$$

在 1998 年，Bando 等引入延迟系数 τ，用 $t-\tau$ 代替式（2.14）中

的 t，进一步扩展了他的模型[66]。Helbing 认为，当跟驰车速度大于前车速度时，在 Bando 的优化速度模型的方程中需要增加速度差这一影响因素。于是，Helbing 等[67]于 1998 年提出了一个广义最优速度模型，又称为 GF 模型，该模型的表达式为：

$$a_n(t) = \frac{dv_n(t)}{dt} = \gamma(V(\Delta x_n) - v_n(t)) + \lambda \Delta v_n H(-\Delta v_n(t)) + \lambda \Delta v_n H(-\Delta v_n)$$

（2.18）

式中，相对车速 $\Delta v_n = v_{n+1} - v_n$，$H(-\Delta v_n)$ 表示 Heaviside 阶梯函数，λ 表示模型对前后车辆之间速度差的反应强度系数。

GF 模型考虑的是负速度差对车辆动力学的影响，在实际交通中，有些现象依然无法用广义力模型描述。比如，Treiber 等[68]指出当前后车辆的车头间距比安全距离小的时候，如果后面车辆的速度小于前面车辆的速度，后面跟驰车辆并不会采取减速行为。这一实际交通现象用之前的优化速度模型和广义力模型都难以解释。后来，姜锐等指出，不同的车头间距下，相同的速度差也会造成不一样的跟驰影响。姜锐等[69]在 2001 年提出了 FVD 模型，其微分方程表示如式（2.19）所示。

$$\frac{dv_n(t)}{dt} = a(V(\Delta x_n) - v_n(t)) + \lambda \Delta v_n \quad (2.19)$$

在 FVD 模型中，λ 使用的是以下分布函数假定：

$$\lambda = \begin{cases} a : \Delta x_n < \Delta x_c \\ b : \Delta x_n \geqslant \Delta x_c \end{cases} \quad (2.20)$$

式中，a、b 和临界间距 Δx_c 是常数。式（2.19）表明在不同的间距范围内，相对速度构成的影响也存在一定的差异。通常情况下，相对速度的影响与车头间距呈反相关关系。

薛郁等[70-72]以优化速度模型为基础，通过对相对速度作用于车辆加速度影响的考量，提出了和姜锐全速度差模型形式相同的优化速度跟驰模型，但是其中 λ 选取的是常数。

此外，董力耘等[73]提出不同的分布函数的模型。葛红霞等[74]提出不对称交通流跟驰模型。

2000 年，Treiber 等[75]提出 IDM 模型。

$$a = a_{\max}\left[1-\left(\frac{v}{v_{\max}}\right)^{\delta}-\left(\frac{s^*(v,\dot{s})}{s}\right)^2\right] \quad (2.21)$$

该模型考虑在畅行运动状态的加速趋势以及第 n 辆车接近前辆车的减速趋势。式中，$a_{\max}$ 是最大加速度，$a_{\min}$ 是最小加速度或最大减速度，$v_{\max}$ 是预期最大速度，s^* 是期望的车头间距。

在 IDM 中，期望车头间距 s^* 随着交通流的状态改变而变化[76]。

$$s^*(v,\dot{s}) = s_{\text{jam}} + \max\left(0, Tv + \frac{v_n \dot{s}}{2\sqrt{a_{\max}a_{\min}}}\right) \quad (2.22)$$

式中，s_{jam} 为静止车头间距，T 为安全时距。利用智能驾驶模型进行数值模拟得到的结果和 Helbing 等通过 GKT 模型[77-78]模拟得出来的结果一致，并且在有些情况下，Newell 模型、IDM 模型与元胞自动机交通模型之间是相互关联的[79]。2011 年，Wilson 和 Ward 对 Chandler 于 1958 年提出的通用刺激反应跟驰模型进行定性评估和稳定性分析，并对刺激反应跟驰模型的通用公式提出了约束条件[80-81]。

4. 多倍预估跟驰模型

刺激反应跟驰模型的另一个发展方向是多类跟驰模型和多倍预估跟驰模型。人们发现，车辆和驾驶员的特性并不是统一的。既然每一辆车都可以独立建模和仿真，那么多类跟驰模型应该具有异质性，因此，多类跟驰模型也叫多类异质跟驰模型。

跟驰模型，主要是考虑前方最近邻车辆对后面跟驰车的影响。在实际交通中，在较大的交通车流密度情况下，不仅仅是最近邻车辆，非近邻车辆也会对跟驰车产生不可忽视的影响，也就是说，前面多辆车的状态会影响当前驾驶员的行为。这种观点其实在 1961 年 Helly[82]提出的跟驰模型中就有体现，但直到 1968 年 Bexelius 提出了一种扩展的多倍预估跟驰模型[83]后，才得到广泛推广。1999 年，Lenz 等[9]将多倍预估模型和优化速度模型相结合。2006 年，Treiber 等[10]将多倍预估模型和智能驾驶模型相结合。还有一些典型的多速度差跟驰模型[84-87]也被提出。最近，多倍预估跟驰模型和多类异质跟驰模型被结合起来，如 Ossen 和 Hoogendoorn[8]就考虑到有些驾驶员会比其他驾驶员看得更远。

2.3.2 元胞自动机模型

元胞自动机理论应用于交通流的研究始于 20 世纪 80 年代。元胞自动机模型是采用离散的时空和状态变量，同时结合车辆运动演化规则，通过大量的样本统计分析交通规律。模型中的空间被离散化，道路被划分为若干个离散的等距格子，每个格子表示为一个元胞。在某个时刻，元胞具有两种状态，或者是空的，或者被一辆车占据。元胞中车速最小为 0，最大为 v_{max}。模型中的时间也被离散化，系统的状态按离散的时间步长在给定的规则下进行演化更新。1986 年，Cremer 和 Ludwig[88]提出将元胞自动机理论用于交通。自 20 世纪 80 年代元胞自动机交通模型被提出以来，得到迅速发展。1992 年，Nagel 和 Schreckenberg 提出了 NaSch 模型[89]，在该模型中，以车辆为独立研究对象，以随机慢化、加速、减速和运动规则作为预定的交通流演化规则，依靠大量的多方面的模拟和演化，得到和交通流实际演化较为接近的模拟结果。NaSch 模型通常被作为元胞自动机模型的原型[90]。在 NaSch 模型基础上，人们又提出了很多改进的模型。Helbing 和 Schreckenberg 于 1999 年提出了一种结合元胞自动机模型和优化速度跟驰模型特点的改进模型[91]，以及 2002 年 Kerner 和 Klenov 提出的结合元胞自动机模型和三相交通流理论的三相模型[92]。

2.4 交通流宏观模型

交通流宏观模型描述的是交通流三个动态参数之间的相互作用，这三个变量是平均密度、平均流量和平均速度，分别用 $\bar{\rho}(x,t)$、$\bar{q}(x,t)$ 和 $\bar{v}(x,t)$ 表示。这里 $x \in R$ 是车辆行进的位置，$t \in R_+$ 指的是时间。$\bar{\rho}(x,t)$ 表示 t 时刻 x 处单位长度内的平均车辆数目。$\bar{q}(x,t)$ 表示 t 时刻单位时间内通过 x 处的平均车辆数。$\bar{v}(x,t)$ 表示 t 时刻 x 处的平均车速。

以上三个交通流参数的经典定义是由 Wardrop、Lighthill 和 Richards 提出的,后被广泛沿用至今。他们用 $\bar{v}(x,t)$ 来描述空间平均速度,将 $\bar{v}(x,t)$ 定义为:车辆通过的一段观测路长除以通过这段路长所用的平均时间。Δx 为观测路长,记录 N 辆车分别通过距离 Δx 所用的时间,这些记录时间用 $t_1, t_2, \cdots, t_j, \cdots t_N$ 表示。这里 $\bar{v}(x,t)$ 的计算方法为:

$$\bar{v}(x,t) \equiv \frac{\Delta x}{\frac{1}{N}\sum_{j=1}^{N} t_j} \qquad (2.23)$$

Δt 为观测时间,用平均车辆数目除以观测的道路长度来表示平均车流密度:

$$\bar{\rho}(x,t) \equiv \frac{\frac{1}{\Delta t}\sum_{j=1}^{N} t_j}{\Delta x} \qquad (2.24)$$

从而,可以得到:

$$\bar{q}(x,t) = \bar{\rho}(x,t)\bar{v}(x,t) \qquad (2.25)$$

交通流微观模型将车辆看作一个个具有一定距离又能相互作用的粒子,描述的是单个车辆的时空行为;而交通流宏观模型将车辆看作一个整体车流,描述的是整个道路交通流的时空行为:从车流的平均密度 $\bar{\rho}(x,t)$、平均流量 $\bar{q}(x,t)$ 和平均速度 $\bar{v}(x,t)$ 等宏观量中找出所满足的方程,并使之适合于实时交通流模拟。交通流宏观模型研究的是道路上车辆的集体行为,在交通流理论中有重要的地位。交通流宏观模型主要基于流体动力学模拟理论,用连续介质模型将流体力学的思想引入交通流的模拟，模型中包含时间变量和空间变量。连续介质模型以动态的方法分析交通流状况，可以更好地分析道路上所有车辆的集体行为，从而为有效地设计交通控制策略，模拟及估计道路几何改造的效果等交通工程问题提供依据。交通流宏观模型的发展如图2.11 所示，图 2.11 展示了主要的交通流宏观模型以及它们的发表时间。

2.4.1 运动波模型

Lighthill 和 Whitham[93]于 1955 年、Richards 于 1956 年分别类似地提出了交通流宏观模型[94]。他们提出的交通流宏观模型属于运动波模型，后来被称为 LWR 模型。在该模型中，交通动力学特征满足流体力学的连续性方程：

$$\frac{\partial \rho}{\partial t} + \frac{\partial (q(\rho))}{\partial x} = 0 \qquad (2.26)$$

其中，流量-密度关系满足关系式 $q = q(\rho) = \rho v$，假设速度-密度关系满足关系式 $v = V_e(\rho)$，可以得到：

$$\frac{\partial \rho}{\partial t} + (V_e + \rho \frac{\partial V_e}{\partial \rho})\frac{\partial \rho}{\partial x} = 0 \qquad (2.27)$$

其中，$c(\rho) = V_e + \rho V_e'(\rho)$ 是非线性运动波的波速。在通常情况下，速度随密度增加而减小，$V_e'(\rho) < 0$，非线性运动波的特征传播速度为 $c(\rho) = V_e + \rho V_e'(\rho) < V_e$。LWR 模型是各向异性的，可以描述前车不受后车影响的特点。该模型可以得到简单交通流问题的解析解，可以论证交通流激波的存在和拥堵的产生与疏导机制。

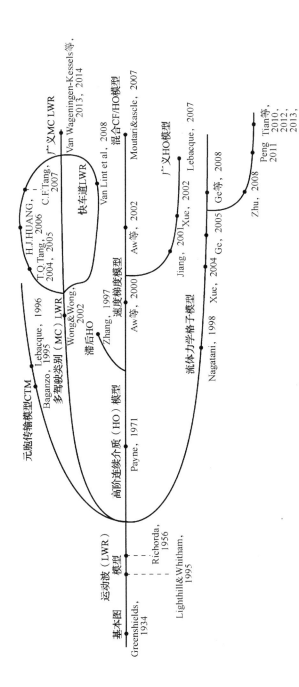

图 2.11 交通流宏观模型的发展

由于 LWR 模型比较简单，随后引起了广泛关注和研究，许多学者用特征线分析方法和各种数值方法对 LWR 模型作了进一步研究。LWR 模型假设所有车辆在交通状态改变后能瞬间达到一个新的平衡速度，即意味着加速度无穷大。这个问题可以通过高阶连续介质模型得到解决，见 2.3.2 节。Lebacque 在 2002 年[95]，Leclercq 在 2007 年[96]均采用有限加速度来解决加速度无穷大的问题。另外，LWR 模型假定车辆运动始终满足平衡速度-密度关系式 $v=V_e(\rho)$，所以它不能反映非均衡状态下交通流的动力特性，无法模拟时停时走交通、交通迟滞、幽灵式交通阻塞、上下匝道交通等非线性现象。

2.4.2 高阶连续介质模型

交通流宏观模型的另一个分支是高阶模型。Payne[97]在 Newell[61]的刺激反应跟驰模型基础上，将运动方程引入连续介质模型，进一步做 Taylor 级数展开，得出高阶连续介质模型，其动力学方程如下：

$$\frac{\partial v}{\partial t}+v\frac{\partial v}{\partial x}=\frac{v^*(\rho)-v}{T}-\frac{c^2}{\rho T}\frac{\partial \rho}{\partial x} \qquad (2.28)$$

式中，$v^*(\rho)$ 是平衡速度函数，T 是弛豫时间。Whitham 也在前人的研究基础上给出了类似的模型[98]，因此 Payne 模型又称 PW 模型。PW 模型并不仅仅考虑平衡状态下的研究，而且考虑了车速调节最终达到平衡的过程，因此模型描述了在实际交通情况下车速从非平衡速度-密度关系到平衡速度-密度关系的演变。相比于以前的研究成果来说，该模型能更加准确地描述实际交通状况。许多学者对该模型的参数进行了不同的取值。比如，2001 年，Zhang[99]提出的模型中，将 T 描述成松弛时间，$c^2 = \mu/T$ 描述成交通声速，μ 表示为黏性系数。

在 PW 模型之后，进一步发展了多种形式的连续宏观模型。值得一提的是，Zhang[100]从 Payne 的车辆跟驰思想出发推导出来一种宏观黏性交通流模型，考虑前车与跟驰车的相对速度，得到考虑近邻车辆影响的连续宏观模型：

$$\frac{\partial u}{\partial t} + (u - 2\beta c(\rho))\frac{\partial u}{\partial x} + \frac{c^2(\rho)}{\rho}\rho_x = \frac{V_*(\rho) - u}{T} + \mu(\rho)u_{xx} \quad (2.29)$$

式中，$\mu(\rho)$ 是黏性系数。当 $\beta = 0$，运动方程与 PW 模型一致。Zhang 的黏性交通流模型是一个更为普适性的高阶连续介质模型，包含了各种高阶连续介质模型的特例，更具一般性。

2.4.3 速度梯度模型

美国的交通流专家 Daganzo 指出，Payne 模型存在缺陷[101]，因为其不具备各向异性，会出现车辆倒退现象，与实际交通不符。此后，为了解决该问题，速度梯度模型得到发展。2000 年，Aw 和 Rascle 根据 Payne 模型，提出如下动力学方程[102]：

$$\frac{\partial}{\partial t}(v + p(\rho)) + v\frac{\partial}{\partial x}(v + p(\rho)) = 0 \quad (2.30)$$

式中，$p(\rho)$ 表示交通流压力项，$p(\rho) = \rho^c$，常量 $c > 0$。如果参数选择正确，特征波就不会超过前车。

2001 年，姜锐等将全速度差跟驰模型中的微观变量转换为宏观变量，提出如下动力学方程[103]：

$$\frac{\partial u}{\partial t} + (u - c_0)\frac{\partial u}{\partial x} = \frac{u_e - u}{\tau} \qquad (2.31)$$

式中，$c_0 = \Delta / \tau$，τ 是扰动向后传播 Δ 距离所需的时间。

2002 年，薛郁等提出了一种具有不同时间尺度的宏观动力学模型[104]。该模型的特点是不再笼统考虑延迟时间，而是更细致地考虑了松弛时间和反应时间，模型表达如下：

$$\frac{\partial u}{\partial t} + (u - c_0(\rho))\frac{\partial u}{\partial x} = \frac{u_e(\rho) - u}{T} \qquad (2.32)$$

式中，$c_0(\rho)$ 表示扰动的传播速度，$c_0(\rho) = -\rho\tau u_e'(\rho)/T_r$。若延迟时间只包含驾驶反应时间，模型就退化到姜锐模型[103]。该模型的特点是避免了车辆倒退现象的发生。

2.4.4 多类别多车道运动波模型

上述模型均没有考虑到超车情况，因此模型基本假设没有超车的发生，这并不适合双车道或者多车道交通流的情形。1997 年，Daganzo[105]建立的连续交通流模型中考虑了双车道，且双车道中分别包含快慢两种车辆。假设车道 1 和车道 2 这两种车道上分别行驶快车和慢车，即车道 1 和车道 2 分别为快车道和慢车道，构建的模型的守恒方程是：

$$\frac{\partial P}{\partial t} + \frac{\partial Q}{\partial x} = S \qquad (2.33)$$

这里 $P = (\rho_1, \rho_2)^{\mathrm{T}}$，$Q = [q_1(\rho_1, \rho_2), q_2(\rho_1, \rho_2)]^{\mathrm{T}}$，$S = (s_1, s_2)^{\mathrm{T}}$，两个车

道的交通密度和交通流量分别用 ρ_1, ρ_2 和 q_1, q_2 表示。s_1, s_2 表示两个车道的流量产生率。Daganzo 模型虽然考虑了双车道流量守恒，但没有考虑车的加速度，依然只适用于处于均衡状态的交通流，与现实不符。

Wong 和 Wong 于 2002 年首次在 LWR 模型的基础上提出了多驾驶类别运动波模型[106]，该模型引入了不同类别的驾驶员具有不同驾驶速度的特性。快车往往会超过开得慢的车，开得慢的车会让后面的快车速度降下来。对每一个驾驶类别，建立一个特定类的守恒方程：

$$\frac{\partial \rho_u}{\partial t} + \frac{\partial q_u}{\partial x} = 0 \qquad (2.34)$$

2007 年，Ngoduy 和 Liu 提出了一种考虑等价汽车因素的模型——PCE 模型[107]。Tang 和 Huang 等[108-109]基于 Daganzo 建立的多车道模型框架，进一步引入姜锐等[103]提出的动量方程，从而构建了一个新的双车道动力学模型。Van Wageningen-Kessels 等分别在 2013 年和 2014 年提出了一种通用的单车道多驾驶类别运动波模型[110-111]。

2.4.5 流体力学格子模型

流体力学格子模型是宏观模型中的典型代表。最初，Nagatani 结合微观优化速度模型和宏观连续介质动力学模型的思想，将 Payne 高阶连续介质模型的运动方程进行简化，同时参考 Bando 优化速度跟驰模型的优化速度函数思想，考虑驾驶员根据前方 $x+\delta$ 处的密度 $\rho(x+\delta)$ 来调节车速，得出如下运动方程[17]：

$$\frac{\partial(\rho v)}{\partial t} = a\rho_0 V(\rho(x+\delta)) - a\rho v \qquad (2.35)$$

式中，ρ_0 表示交通流平均密度，与平均车头间距 δ 互为倒数关系。$a = 1/\tau$ 是敏感系数，敏感系数越大，弛豫时间越短。

对式（2.35）进行空间变量无量纲化，并将式（2.26）代入，然后消去速度项 v，得到：

$$\frac{\partial^2 \rho}{\partial t} + a\frac{\partial \rho}{\partial t} + a\rho_0^2 V(\rho(x+1)) = 0 \quad (2.36)$$

相应的离散形式：

$$\frac{\partial^2 \rho_j}{\partial t} + a\frac{\partial \rho_j}{\partial t} + a\rho_0^2 V(\rho_{j+1} - \rho_j) = 0 \quad (2.37)$$

流体力学格子模型是简化了的高阶连续介质模型，模型可以用简单可解的非线性方程描述，因而可以得到譬如 KdV 方程和 mKdV 方程来描述交通非线性密度波及其解[17]。

之后，Nagatani[22]进一步创建了式（2.35）的扩展模型：

$$\frac{\partial^2 \rho_j(t+\tau)}{\partial t} + \rho_0^2 \left(V(\rho_{j+1}(t)) - V(\rho_j(t))\right) = 0 \quad (2.38)$$

$$\rho_j(t+2\tau) - \rho_j(t+\tau) + \tau\rho_0^2 \left(V(\rho_{j+1}(t)) - V(\rho_j(t))\right) = 0 \quad (2.39)$$

另外，Nagatani[112]还提出了一种二维交通流流体力学格子模型，以此为基础进一步分析二维和一维模型密度波演化等方面的区别和联系。

2004 年，薛郁在 Nagatani 的一维交通流流体力学格子模型基础上，构建了一种分别考虑最近邻车流和次近邻车流的优化、前近邻和后近邻车流的优化对当前车流的影响的一维交通流流体力学格子模型[25]，其演化方程如下：

$$\rho_j(t+\tau)v_j(t+\tau) = (1-p)\rho_0 V(\rho_{j+1}(t)) + p\rho_0 V(\rho_{j+2}(t)) \quad (2.40)$$

式中，p 表示当前格点对次近邻格点交通状况的关注程度。其结论是交通流的稳定性随着考虑次近邻车流密度影响的程度的增强而增大。

2005 年，葛红霞进一步做出假设：当前格点的交通状态不仅受前方最近邻格点内交通状态的影响，还受到前方若干次近邻格点交通流状态的影响，基于此考虑，她提出了一种合作驾驶流体力学格子模型[18]：

$$\frac{\partial^2 \rho_j(t+\tau)}{\partial t} + \rho_0^2 \left(V(\sum_{l=1}^{n} \beta_l \rho_{j+l}(t)) - V(\sum_{l=1}^{n} \beta_l \rho_{j+l-1}(t)) \right) = 0 \quad (2.41)$$

$$\rho_j(t+2\tau) - \rho_j(t+\tau) + \tau\rho_0^2 \left(V(\sum_{l=1}^{n} \beta_l \rho_{j+l}(t)) - V(\sum_{l=1}^{n} \beta_l \rho_{j+l-1}(t)) \right) = 0$$

$$(2.42)$$

2011 年，孙棣华等提出了改进的一维交通流流体力学格子模型。[113] 模型分析了预估效应对车流稳定性的影响。模型中交通流密度的演化方程表示为：

$$\rho_j(t+2\tau) - \rho_j(t+\tau) + \tau\rho_0^2 \left(V(\rho_{j+1}) - V(\rho_j) \right) - k\rho_0 \left(\Delta\rho_j(t+\tau)\Delta\rho_j(t) \right) = 0$$

$$(2.43)$$

继单车道交通流流体力学格子模型提出后，Nagatani 继续提出了能够描述车辆换道的两个双车道交通流流体力学格子模型[22]。该模型可以是半离散的，即时间连续空间离散，也可以是全离散的，即时间和空间均离散。半离散模型用微分和差分方程描述，全离散模型用两个差分方程描述。Nagatani 提出的双车道流体力学格子模型虽然可以描述换道的过程和趋势，但会出现车辆倒退现象。2006 年，唐铁桥等进一步改进了该模型[23]，通过引入新的流量转移函数，可克服Nagatani模型的缺陷。彭光含引入双车道耦合效应对车流的影响，提出了改进的双车道模型[28-30]。Kang和Sun[45]在2013年、Zhang等[46]在2014年分别提出了一种考虑驾驶员的感知延时效应的流体力学格子模型。后来，反馈控制方法也被广泛应用于交通流宏观模型，在流体力学格子模型中已有少量尝试。比如2016年葛红霞等[114]提出流体力学格子模型反馈控制方法，该方法用当前格点与前方次近邻格点的平均流量差作为反馈控制项，反馈控制项可以表示为 $u_j = k(q_{j+1}(t) - q_j(t))$；2015年，Redhu和Gupta[47]提出延迟反馈控制方法，该方法应用前方最近邻格点在 t 时刻和 $t-\tau$ 时刻的平均流量差作为反馈控制项，反馈控制项可以表示为 $u_j = k(q_{j+1}(t) - q_{j+1}(t-\tau))$；还有其他学者相继对双车道流体力学格子模型进行了反馈控制论方面的研究[115-116]。

2.5 交通流介观模型

交通流介观模型是介于宏观模型和微观模型的一种模型，速度和时间是微观大而宏观小的模型。其更为关注集合项（比如概率分布）的方面的行为，但行为规则是为单个车辆制定的。依靠有关的Boltzmann方程，并且添加有关的近似关系从而封闭所得到的方程组。其中有着多方面的变量，如 Δr、Δv 和 Δt 等，需要符合有关的微观大同时宏观小的对应定义。交通流介观模型的发展如图2.12所示，图2.12展示了主要的介观模型以及它们的发表时间。

第 2 章 交通流模型

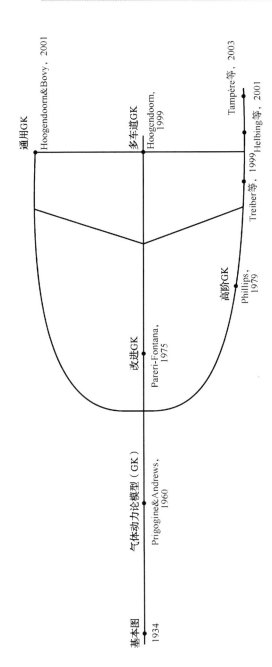

图 2.12 交通流介观模型的发展

交通流介观模型主要包括气体动力论模型、集簇模型以及车头间距分布模型等，其中气体动力论模型是关注度最高的一类。气体动力论模型把车流运动类比于大量气体粒子的运动，车辆的这种类气体粒子运动可以用速度分布函数来描述。

著名物理学家 Prigogine 等[117-118]首先提出通过使用气体运动论来建立交通流模型，把车辆的运行比喻成气体中大量粒子的运动，相空间密度 $\tilde{\rho}$ 的演化方程是：

$$\frac{\partial \tilde{\rho}}{\partial t} + v\frac{\partial(\tilde{\rho})}{\partial r} = (\frac{\partial \tilde{\rho}}{\partial t})_{\text{acceleration}} + (\frac{\partial \tilde{\rho}}{\partial t})_{\text{interaction}} \qquad (2.44)$$

式中，r 表示车辆位置，v 表示速度。$(\frac{\partial \tilde{\rho}}{\partial t})_{\text{acceleration}}$ 代表弛豫项，$(\frac{\partial \tilde{\rho}}{\partial t})_{\text{interaction}}$ 表示相互作用项，用以描述前方车辆速度较慢而导致的跟驰车减速现象。Prigogine 认为实际的速度分布是趋向于平衡速度分布的，而不是趋向于个体车辆的速度进行调整，所以有：

$$\frac{dv}{dt} = 0 \qquad (2.45)$$

Paveri-Fontana 通过一系列的研究发现，从 Prigogine 模型中所得出的结论与实际情况存在一定的矛盾之处。实际中是驾驶员的特性决定了速度的期望值，道路特性还不能决定期望速度。1975 年，Paveri-Fontana[119] 提出如下改进的运动方程：

$$\frac{\partial \hat{k}}{\partial t} + \frac{\partial(\hat{k}v)}{\partial r} + \frac{\partial}{\partial v}(\hat{k}\frac{\partial v}{\partial t}) + \frac{\partial}{\partial v_0}(\hat{k}\frac{\partial v_0}{\partial t}) = (\frac{\partial \hat{k}}{\partial t})_{\text{rel}} + (\frac{\partial \hat{k}}{\partial t})_{\text{int}} \qquad (2.46)$$

假定驾驶员的期望速度与时间无关,忽略 $\frac{\partial}{\partial v_0}(\hat{k}\frac{\partial v_0}{\partial t})$,则:

$$\frac{dv_0}{dt} = 0 \qquad (2.47)$$

Paveri-Fontana 模型中的加速度项代表车数趋向于期望速度的趋势。

$$\frac{dv}{dt} = \frac{1}{\tau}(v_0 - v) \qquad (2.48)$$

气体动力论模型能够便捷地描述各类较为复杂的交通现象,因此而获得了大量的关注。在 Paveri-Fontana 模型基础上,大量更为特殊的模型因此而产生。这些模型通过融入有关的变量等方式,进而分析具体的多车道问题、多类别混合车辆问题、非理想驾驶效应和有限空间的需求等[120-121]。

值得一提的是,2001 年,Hoogendoorn 和 Bovy 提出了一种更具一般性和普适性的气体动力论模型[122]。除此之外,很多学者在气体动力论模型的基础上,提出了与之相关的更接近交通现实的连续介质模型,能用来模拟实际交通。典型的有 1999 年 Treiber 等[68]和 2001 年 Helbing[123]分别提出的连续气体动力论模型。1999 年,Hoogendoorn 从气体动力论模型中推出了一种多类别多车道的连续交通流模型[124]。2003 年,Tampère 等提出的连续气体动力论模型融合了一种简单的跟驰模型[125],在高速公路上能准确预测交通状况的演变。

2.6 本章小结

本章主要对交通流模型的发展状况进行了分析和研究,介绍了交通流理论、交通流稳定性、基本图,然后分别从交通流微观模型、宏观模型、介观模型探讨了交通流模型的发展沿革,将交通流模型的发展脉络进行了梳理,形成了以历史时间为轴,以关键模型为支点的交通流发展树状图,给未来的交通流理论的发展提供了重要的参考意义。随着中国大规模城市规划和建设的发展,我国城市交通的管理和控制开始转到宏观层面。后续章节主要研究的几种交通流流体力学格子模型属于宏观交通流理论范畴。

第 3 章

考虑激进驾驶特性的单车道流体力学格子模型

3.1 引　　言

随着 ITS、车联网系统和道路基础建设的大力推进,车辆与车辆之间、车辆与基础设施之间能够通信。当前车辆扩大了感知交通环境的范围,可以获取邻近车辆和周围环境的各种状态信息,包括速度、加速度、车头间距、密度、流量等。在能够获取这些周围环境状态信息的前提下,每辆车的驾驶员都可以预判一段时间后的交通流演化状态信息,根据这些已知信息和预判信息来提前调整自己的驾驶行为,从而缩短车辆速度调整的延迟时间,这样做可以减少车辆加速或减速的频率,使车辆的速度波动趋于平缓,避免车辆陷入拥堵的交通流状态,有利于节约能源、减少污染气体的排放。

我们观察实际交通可以发现,当前方交通状态良好时,有经验的驾驶员往往会有激进驾驶倾向。不同的驾驶员具备不同的驾驶风格,而有经验的激进驾驶员会根据前方近邻格点的密度和前方次近邻格点的密度进行预估来调节车速,选择道路最畅行的驾驶行为。当前方交通状态良好时,即使与前车间距较小,驾驶员也会保持与前车紧密跟驰,不会采取大的减速行为。受激进驾驶特性启发,本章我们提出了一种考虑激进驾驶特性的流体力学格子模型——DALH 模型,宏观描述不同程度激进驾驶策略对改善交通运行带来的影响。流体力学格子模型是简化了的高阶连续介质模型,忽略了高阶连续介质模型的高阶项。因此,我们可以解析地对 DALH 模型进行稳定性分析,发现交通中的本质现象，特别是可以使用约化摄动法对模型进行非线性分析，研究 DALH 模型中描述的交通中的各种密度波的演化问题。

3.2 单车道流体力学格子模型

图 3.1 是单车道流体力学格子模型示意图。连续车道被离散成若干个格点。$\rho_{j-1}(t)$、$\rho_j(t)$ 和 $\rho_{j+1}(t)$ 分别是在 t 时刻车道上格点 $j-1$、格点 j 和格点 $j+1$ 处的局部密度。

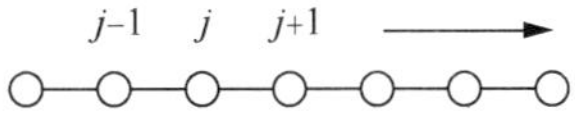

图 3.1 单车道流体力学格子模型示意图

Nagatani 借鉴优化跟驰模型的思想，最早提出了交通流流体力学格子模型[17][22]。通过利用平均密度和优化速度函数的乘积得到的流量值来优化交通流量，得到的连续性方程和运动方程如下：

$$\partial_t \rho + \partial_x (\rho v) = 0 \tag{3.1}$$

$$\partial_x (\rho v) = a\rho_0 V\left(\rho(x+\delta)\right) - a\rho v \tag{3.2}$$

如上所示，方程（3.1）是守恒方程。方程（3.2）是运动方程，方程中涉及的时间变量是连续变量而空间变量是离散变量。a 代表敏感系数，ρ_0 代表格点中交通流的平均密度，ρ_0 的倒数即 δ，δ 代表平均车头间距。$\rho(x+\delta)$ 代表 t 时刻位于 x 点处的车辆前方 $x+\delta$ 位置处的局部密度，它与 t 时刻车头间距 $h(x,t)$ 的关系为 $\rho(x+\delta)=1/h(x,t)$。利

用优化速度函数 $V(\rho(x+\delta,t))$ 的选取，当前格点的流量变化可以根据前面格点的平均密度 $\rho(x+\delta)$ 来调节。$\rho_0 V(\rho(x+\delta))$ 表示最优流量，方程（3.2）的右边项表示交通流量的变化趋于 $\rho_0 V(\rho(x+\delta))$。

为简便起见，令 $\tilde{x} = \dfrac{x}{\delta}$，我们把连续方程（3.1）中的 x 无量纲化，得到：

$$\frac{\partial(\rho v)}{\partial x} = \frac{\partial(\rho v)}{\delta \partial\left(\dfrac{x}{\delta}\right)} = \rho_0 \frac{\partial(\rho v)}{\partial \tilde{x}} \tag{3.3}$$

为直观起见，我们将方程（3.3）中的 $\tilde{x}$ 依然记作 x，得到的模型由方程（3.4）和方程（3.5）描述，在这里称为流体力学格子模型 I。

$$\partial_t \rho + \rho_0 \partial_x(\rho v) = 0 \tag{3.4}$$

$$\partial_t(\rho v) = a\rho_0 V(\rho(x+1)) - a\rho v \tag{3.5}$$

对流体力学格子模型 I 的空间进行离散即可得到流体力学格子模型 II，由方程（3.6）和方程（3.7）描述：

$$\partial_t \rho_j + \rho_0\left(\rho_j v_j - \rho_{j-1} v_{j-1}\right) = 0 \tag{3.6}$$

$$\partial_t \rho_j v_j = a\rho_0 V(\rho_{j+1}) - a\rho_j v_j \tag{3.7}$$

这里，方程中的 j 表示流体力学格子模型描述的交通流系统中的第 j 个格子，ρ_j 表示第 j 个格子在 t 时刻的平均密度，v_j 表示第 j 个格子在 t 时刻的平均速度。

对流体力学格子模型 II 的时间进行离散，我们得到如下的差分-差分方程：

$$\rho_j(t+\tau)-\rho_j(t)+\tau\rho_0\left[\rho_j(t)v_j(t)-\rho_{j-1}(t)v_{j-1}(t)\right]=0 \quad (3.8)$$

$$\rho_j(t+\tau)v_j(t+\tau)=\rho_0 V\left(\rho_{j+1}(t)\right) \quad (3.9)$$

其中，τ 指的是交通流流量达到优化流量时所需的时间，称为弛豫时间；与 OV 模型相似，在 OV 模型中，τ 指的是车辆速度达到优化速度所需的时间。τ 与敏感系数 a 是倒数关系。

2005 年，葛红霞等人提出了两种合作驾驶流体力学格子模型[18]，在这里称为模型 A，用微分-差分方程描述为：

$$\partial_t \rho_j + \rho_0(\rho_j v_j - \rho_{j-1}v_{j-1}) = 0 \quad (3.10)$$

$$\rho_j(t+\tau)v_j(t+\tau) = \rho_0 V(\rho_{j+1}(t), \rho_{j+2}(t), \cdots, \rho_{j+n}(t)) \quad (3.11)$$

对模型 A 的时间进行离散，得到如下的差分-差分方程，在这里称为模型 B。

$$\rho_j(t+\tau)-\rho_j(t)+\tau\rho_0\left(\rho_j(t)v_j(t)-\rho_{j-1}(t)v_{j-1}(t)\right)=0 \quad (3.12)$$

$$\rho_j(t+\tau)v_j(t+\tau)=\rho_0 V\left(\rho_{j+1}(t),\rho_{j+2}(t),\cdots,\rho_{j+n(t)}(t)\right) \quad (3.13)$$

消去式（3.10）和式（3.11）中的速度 v（且对式（3.12）和式（3.13）作同样的处理），得到模型 A、B 关于交通密度的演化方程：

$$\partial_t \rho_j(t+\tau)+\rho_0^2\left(V\left(\sum_{i=1}^n \beta_i \rho_{j+i}(t)\right)-V\left(\sum_{i=1}^n \beta_i \rho_{j+i-1}(t)\right)\right) \quad (3.14)$$

$$\rho_j(t+2\tau)-\rho_j(t+\tau)+\tau\rho_0^2\left(V\left(\sum_{i=1}^n \beta_i \rho_{j+i}(t)\right)-V\left(\sum_{i=1}^n \beta_i \rho_{j+i-1}(t)\right)\right)=0$$

$$(3.15)$$

1999 年，Nagatani[126]扩展了之前的流体力学格子模型，考虑了驾驶员的超车行为，引入了超车常量 γ，其改进的演化方程为：

$$\partial_t(\rho_j v_j) = a(\rho_0 V(\rho_{j+1}) - \rho_j v_j) + a\gamma(\rho_0 V(\rho_{j+1}(t)) - \rho_0 V(\rho_{j+2}(t)))$$

（3.16）

2014 年，Gupta 和 Redhu[42]在 Nagatani 的基础上，引入延时系数和预估系数，考虑了驾驶员的预估效应，提出了一个考虑了超车行为和驾驶员预估效应的改进的流体力学格子模型。

$$\partial_t(\rho_j v_j) = \alpha(\rho_0 V(\rho_{j+1}(t+\alpha\tau)) - \rho_j v_j) + \\ \alpha\gamma(\rho_0 V(\rho_{j+1}(t+\alpha\tau)) - \rho_0 V(\rho_{j+2}(t+\alpha\tau)))$$

（3.17）

在实际交通系统中，驾驶员对来自前方车辆的影响做出的反应会有一定的延迟，主要包括驾驶员反应延迟时间和机械调节需要的延迟时间。驾驶员在行车过程中，相邻前车的状态和前面道路的交通流状态对驾驶员驾驶状态的影响是至关重要的。如果驾驶员能够提前获取前面车辆的状态信息，驾驶员就可以提前调整车辆的速度，从而缩短车辆速度调整的延迟时间，减少车辆加速或减速的频率，使车辆的速度波动趋于平缓，并有利于节约能源、减少污染气体的排放。

另外，我们观察实际交通可以发现，不同的驾驶员也具备不同的驾驶特性，有的驾驶员很激进，有的驾驶员很稳妥。当前方驾驶员的车辆变速的时候，后面的驾驶员也会调整自己的车速，如此一来就会接连影响到后面跟随的所有车辆的速度。在驾驶员驾驶特性较稳妥且前面驾驶员减速的情况下，后面的驾驶员就会将速度降下来，这样一来就会拉大车与车之间的距离。而有经验的激进驾驶员会根据前方多个格点的行驶状态来调整自己的加速度；当前方交通状态畅通时，即使与前车间距较小，驾驶员也会保持紧密跟驰状态，不会采取大的减速行为。因此，下面我们将讨论驾驶员预估效应和激进驾驶特性对交通流稳定性分别有什么影响。

3.3 单车道 DALH 模型的提出

随着现代智能化技术在交通管理中的应用，交通信息对交通状态的影响日益突出。当交通拥堵出现时，交通信息对车辆交通行为和路径选择的影响越来越大。现代交通系统具备交通物理元素（动态行驶的车辆、基站等）和交通网络层元素（传感器网络和通信网络）相互融合的特点。信息交换环境下的单车道交通系统示意图如图3.2所示。一个典型的交通系统包含物理层和网络层，物理层描述了在交通环境下车辆的运行规则，网络层描述了交通物理系统的信息交换。在 ITS 环境下，交通信息基元和交通物理元素融为一体，实现交通系统的信息传递、系统协调和优化诱导。

对图3.2所示的交通系统，我们提出以下假设：任意一个格点都能够根据优化函数来自适应调节它的流量变化，任意一个格点都能够接收前方格点的流量和密度信息，流量的调节以一定时间为间隔。

在本章引言中已经提到了 DALH 模型。该模型的出发点如下：当前格点的平均速度不仅受前方最近邻格点的影响，还受次近邻格点的

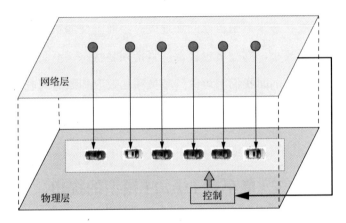

图 3.2　信息交换环境下的单车道交通系统示意图

影响。当车流密度较大时，如果次近邻格点平均速度减小，即使当前格点的平均车流密度还是很小、与最近邻格点车辆的平均车头间距很大，当前格点的车辆依然会通过期望速度进行减速；如果次近邻格点平均速度增大，即使当前格点的平均车流密度还是很大、与最近邻格点车辆的平均车头间距还是很小，当前格点的车辆也会以期望速度保持紧密跟驰，不会采取大的减速行为。当前格点车辆的驾驶行为不仅依赖于正前方格点车辆的行驶状况，还与对更前方格点车辆行驶状况的判断有关。驾驶员能根据 $t+\tau$ 时刻的优化速度 $V(\rho_{j+2}(t+\tau))$，来调整当前的速度，驾驶员的这种特性，我们称之为激进驾驶特性。但是不同驾驶员的激进驾驶特性程度是不一样的，具有自己的随意性，因此，我们利用参数 p 来描述激进驾驶程度。从宏观上来看，最近邻车流和次近邻车流都会影响到当前车辆的车流变化，基于以上考虑，我们提出一种新的考虑驾驶员激进驾驶特性的流体力学格子模型（Drivers' Aggressive Effect Lattice Hydrodynamic Model，简称 DALH

模型），并通过线性稳定性和非线性分析，详细讨论了 DALH 模型所具有的一些特性。我们提出的 DALH 模型控制框架如图 3.3 所示。

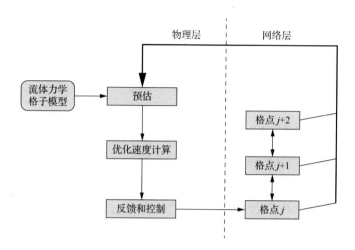

图 3.3　DALH 模型控制框架

该模型的反馈控制思路可以分为以下几个步骤。

① 在 k 时刻，当前格点接收前方近邻格点和次近邻格点的密度和流量信息，这些信息可以通过 ITS 中的信息交换技术（如传感器）进行传输。

② 利用优化速度函数和流体力学格子模型方程来计算当前格点 $t+\tau$ 时刻的密度和流量信息，达到控制当前格点流量的目的。

③ 在下一个时间间隔，重复上述过程。

DALH 模型的守恒方程和运动方程分别如下：

$$\partial_t \rho_j + \rho_0(\rho_j v_j - \rho_{j-1} v_{j-1}) = 0 \qquad (3.18)$$

$$\rho_j(t+\tau)v_j(t+\tau) = \rho_0[(1-p)v_e(\rho_{j+1}(t)) + pv_e(\rho_{j+2}(t+\tau))] \qquad (3.19)$$

其中，ρ_0、ρ_j 和 v_j 分别为平均密度、t 时刻在格点 j 的局部密度和相应的局部速度。$v_e(\rho_{j+2}(t+\tau))$ 表示在 $t+\tau$ 时刻格点 $j+2$，即次近邻点的优化速度。优化速度取值为 $v_e(\rho)=(v_{\max}/2)(\tanh(1/\rho-h_c)+\tanh(h_c))$。该优化速度函数最早由 Bando 等[7]提出，其中 h_c 和 $v_{\max}$ 表示确保车辆不发生追尾事故的安全距离和车辆行驶的最大速度。该优化速度函数有一个很重要的性质，即在 $\dfrac{1}{\rho}=h_c$ 处有一拐点；这个性质对后续章节应用非线性分析理论以及推导非线性发展方程至关重要，因此在后续章节将继续选取该优化速度函数表达式进行分析。p 代表在交通流中激进驾驶特性的影响强度，反映了不同驾驶员具有不同的驾驶行为特性；如果 $p>0$，表示驾驶员的驾驶行为中包含了激进驾驶行为。驾驶员的反应不仅依赖于当时的交通状况，还依赖于次近邻车辆的行驶状况。如果驾驶员能估计前方次近邻车辆的行驶状况，一旦前方车辆加速，那么驾驶员就会加速紧跟正前方车辆；一旦前方车辆减速，那么驾驶员就会提前减速。因此，p 值越大，对应的驾驶员的驾驶经验越丰富。当 $p=0$ 时，退化为 Nagatani 模型[22]。

对式（3.19）中的 $\rho_{j+2}(t+\tau)$ 进行泰勒级数展开，并忽略非线性项，得到：

$$\rho_{j+2}(t+\tau)=\rho_{j+2}(t)+\tau\partial_t\rho_{j+2}(t) \quad (3.20)$$

进而 $v_e(\rho_{j+2}(t+\tau))$ 可表示为：

$$v_e(\rho_{j+2}(t+\tau))=v_e(\rho_{j+2}(t))+\tau\partial_t\rho_{j+2}(t)v_e'(\rho_{j+2}(t)) \quad (3.21)$$

其中，$v_e'(\rho_{j+2}(t))=\mathrm{d}v_e(\rho_{j+2}(t))/\mathrm{d}\rho_{j+2}(t)$。

因此，式（3.19）可表示为：

$$\rho_j(t+\tau)v_j(t+\tau) = \rho_0[(1-p)v_e(\rho_{j+1}(t)) + pv_e(\rho_{j+2}(t))] + \lambda\partial_t\rho_{j+2}(t)$$

（3.22）

其中，$\lambda = p\rho_0\tau v'_e(\rho_{j+2}(t))$。

消去式（3.18）和式（3.22）的速度 v，得到如下密度演化方程：

$$\partial_t\rho_j(t+\tau) + \rho_0^2\{[(1-p)v_e(\rho_{j+1}) + pv_e(\rho_{j+2})] - [(1-p)v_e(\rho_j) + pv_e(\rho_{j+1})]\} - k(\partial_t\rho_{j+2} - \partial_t\rho_{j+1}) = 0$$

（3.23）

其中，$k = -p\tau\rho_0^2 v'_e(\rho_{j+2}(t))$。

3.4 DALH 模型的稳定性分析

交通流的稳定性理论主要研究小扰动在交通系统中随时间的演化过程，观察扰动幅度随时间的变化情况。分析不同交通条件下的交通流稳定性，掌握交通流的演化机理，可以准确预测交通流未来的演化特征，从而可以提前采取合适的管控措施，提高交通流的稳定性，缓解交通拥堵情况。

本节我们应用线性稳定性理论，在周期边界条件下对 DALH 模型进行线性稳定性分析。

设初始交通流状态为密度为常数 ρ_0 的匀质交通流，系统中的全部格子均处于最优速度 $v_e(\rho_0)$ 的平均速度下。那么稳定状态的格子系统的解为：

$$\rho_j(t) = \rho_0, \quad v_j(t) = v_e(\rho_0) \quad (3.24)$$

假设 $y_j(t)$ 是格点 j 处偏离定态解的一个小扰动，则得到：

$$\rho_j(t) = \rho_0 + y_j(t) \quad (3.25)$$

将方程（3.25）代入方程（3.23），再将方程线性化，可得到：

$$\partial_t y_j(t+\tau) + \rho_0^2 v_e'(\rho_0)[(1-p)\Delta y_j(t) + p\Delta y_{j+1}(t)] - k[\partial_t y_{j+2}(t) - \partial_t y_{j+1}(t)] = 0 \quad (3.26)$$

其中，$v_e'(\rho_0) = \mathrm{d}v_e(\rho)/\mathrm{d}\rho|_{\rho=\rho_0}$。将 y_j 展开成傅里叶级数的形式：$y_j = A\exp(ikj + zt)$，代入式（3.26）并进行傅里叶级数展开，得到：

$$ze^{z\tau} + \rho_0^2 v_e'(\rho_0)[(1-p)(e^{ik}-1) + p(e^{2ik}-e^{ik})] - kz(e^{2ik}-e^{ik}) = 0 \quad (3.27)$$

对 z 做泰勒级数展开，有 $z = z_1(ik) + z_2(ik)^2 + \cdots$，并代入到方程（3.27）中，忽略高阶项，得到关于 z 的一阶、二阶项：

$$z_1 = -\rho_0^2 v_e'(\rho_0) \quad (3.28)$$

$$z_2 = -\left(\frac{1+2p}{2} + \rho_0^2 v_e'(\rho_0)\tau + k\right)\rho_0^2 v_e'(\rho_0) \quad (3.29)$$

根据文献[17]中的方法，对于长波模式的小扰动，如果 $z_2 < 0$，稳态交通流就会变得波动；反之，如果 $z_2 > 0$，稳态交通流将趋于稳定。因此，对于 DALH 模型，临界稳定曲线表达式如下：

$$\tau = -\frac{1+2p+2k}{2\rho_0^2 v_e'(\rho_0)} \quad (3.30)$$

临界稳定性曲线将线性稳定区域划分为两个区域：在曲线上方的稳定区域，在曲线下方的不稳定区域。因此，DALH 模型的线性稳定条件为：

$$\tau < -\frac{1+2p+2k}{2\rho_0^2 v_e'(\rho_0)} \qquad (3.31)$$

当 $p=0$ 时，线性稳定条件退化为 Nagatani 模型[22]的线性稳定条件：

$$\tau < -\frac{1}{3\rho_0^2 V'(\rho_0)} \qquad (3.32)$$

式（3.30）表明，激进驾驶系数 p 是影响交通流稳定性的参数。基于上述线性稳定性分析，可以得出：如果满足线性稳定条件 $(a > -2\rho_0^2 v_e'(\rho_0)/1+2p+2k, a=1/\tau)$，单车道交通拥堵的流量波动不会被放大，道路的交通流将逐渐趋于稳定状态。

图 3.4 在密度-敏感系数 (ρ,a) 空间中给出了 $p=0,0.05,0.1$ 时对应的中性稳定曲线。中性稳定曲线的最高点 (ρ_c,a_c) 为临界点，ρ_c 为临界密度，a_c 为临界敏感系数。当 a 大于临界敏感系数 a_c 时，即系统密度在中性稳定曲线上方，对于任意密度而言，初始稳定的交通流会在受到小扰动时仍然保持稳定，受到的小扰动将逐渐消失，系统将继续保持稳定；当 a 小于临界敏感系数 a_c 时，在临界密度 ρ_c 附近系统会失稳，即在中性稳定曲线下方，系统受到的小扰动将被继续放大，交通流会转化为拥堵相。系统在受到小扰动且经过一段时间演化后会失稳，导致时走时停密度波的生成。从图 3.4 中还可以看出，随着 p 的增大，曲线和其临界点的位置逐渐下降，也就是说增大 p 能扩大稳定

区,这也说明了考虑激进驾驶特性后的 DALH 模型在抑制交通拥堵方面优于原来的 Nagatani 模型。该结论与实际情形相符,因为在实际交通中,驾驶员总是试图通过更前方而不仅仅是正前方车辆的行驶状态来调整自己的车速,一定程度的激进驾驶行为能在宏观上促进交通流稳定。

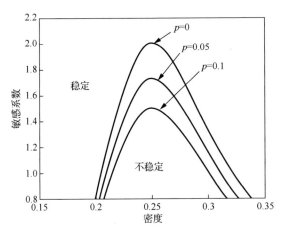

图 3.4 $\rho = 0, 0.05, 0.1$ 时密度-敏感系数 (ρ, a) 空间的中性稳定曲线

3.5 DALH 模型的非线性密度波分析

上一节我们得到了 DALH 模型的线性稳定条件,本节将继续研究 DALH 模型对应的交通流密度波的解,采用数值模拟有小扰动的初始均匀交通流随着时间推移的演化情况。

3.5.1 密度波分析方法

交通流中存在着相变、非线性稳定性、亚稳态、弛豫过程、回滞、集簇等许多非线性特征，这样一来就可能产生交通孤立波、时走时停交通、交通激波、幽灵式交通阻塞、宽幅运动阻塞等多种复杂的交通现象。交通阻塞是复杂交通系统的重要特征之一，可以用车辆间相互作用引起的密度波传播来刻画。根据稳定性来区分，交通流可分成稳定、亚稳定和不稳定三种状态，三种状态对应的系统参数不同，对应不同的区域可以得到不同的密度波传播方式和不同的非线性发展方程。典型的交通流密度波有三角激波、孤立波和扭结-反扭结孤立波三种。它们分别是非线性发展方程 Burgers 方程的解、非线性发展方程 KdV 方程的解，以及非线性发展方程 mKdV 方程的解。非线性发展方程的解往往不能直接求得，通常必须首先对一类较易处理的问题求得原问题的近似解，其次通过近似解建立适当的估计式，最后过渡到极限，得到原非线性问题的解。可以通过多种渐进方法来求其近似解，如导数展开法、约化摄动法和多重尺度法等。约化摄动法自 1960 年被提出和发展以来，在非线性科学，特别是关于非线性波动的研究课题中起着重要的作用。

本书采用如下形式的标准 KdV 方程：

$$\frac{\partial u}{\partial t}+\frac{\partial^3 u}{\partial x^3}+u\frac{\partial u}{\partial x}=0 \quad (3.33)$$

其孤立波解的形式为：

$$u(x,t) = A\sec h^2\left[\sqrt{\frac{A}{12}}\left(x - \frac{At}{3}\right)\right] \quad (3.34)$$

其中，A 表示孤立波的振幅。孤立波解的示意图如图 3.5 所示。

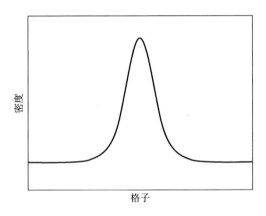

图 3.5　孤立波解的示意图

标准 mKdV 方程表达式如下：

$$\frac{\partial u}{\partial t} - \frac{\partial^3 u}{\partial x^3} + \frac{\partial u^3}{\partial x} = 0 \quad (3.35)$$

其扭结-反扭结孤立波解的形式为：

$$u(x,t) = A\tan h\left[\sqrt{\frac{A}{2}}(x - A^2 t)\right] \quad (3.36)$$

其中，A 表示扭结-反扭结孤立波的振幅。扭结-反扭结孤立波解的示意图如图 3.6 所示。

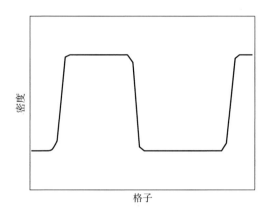

图 3.6 扭结-反扭结孤立波解的示意图

3.5.2 模型的非线性分析和 mKdV 方程

接下来,我们用约化摄动法对提出的模型进行非线性分析。首先在交通流不稳定区域的临界点 (ρ_c, a_c) 附近,考虑时间慢变量和空间慢变量的变化行为,密度波呈扭结-反扭结孤立波形式,分析交通流的非线性现象。设时间慢变量和空间慢变量分别为 T 和 X,定义如下:

$$\begin{cases} X = \varepsilon(j + bt) \\ T = \varepsilon^3 t \end{cases}, 0 < \varepsilon \ll 1 \tag{3.37}$$

其中,b 是待定常数。设交通流密度为:

$$\rho_j = \rho_c + \varepsilon R(X, T) \tag{3.38}$$

将式(3.37)、式(3.38)代入方程(3.23)中,泰勒展开方程(3.23)的每一项到 ε^5 项,得到偏微分方程:

$$\varepsilon^2 k_1 \partial_X R + \varepsilon^3 \left[\frac{b^2 \tau + (1+2p)\rho_c^2 V'}{2} - kb \right] \partial_X^2 R +$$

$$\varepsilon^4 \left\{ \partial_T R + \left[\frac{b^3 \tau^2}{2} + \frac{(1+6p)\rho_c^2 V'}{6} - \frac{bk}{2} \right] \partial_X^3 R + \frac{\rho_c^2 V'''}{6} \partial_X R^3 \right\} +$$

$$\varepsilon^5 \left\{ (2b\tau - k)\partial_T \partial_X R + \left[\frac{b^4 \tau^3}{6} + \frac{(1+14p)\rho_c^2 V'}{24} - \frac{bk}{6} \right] \partial_X^4 R + \frac{\rho_c^2 V'''}{12} \partial_X^2 R^3 \right\} = 0$$

（3.39）

其中，$V' = \left.\dfrac{\mathrm{d}V(\rho)}{\mathrm{d}\rho}\right|_{\rho=\rho_c}$，$V''' = \left.\dfrac{\mathrm{d}^3 V(\rho)}{\mathrm{d}\rho^3}\right|_{\rho=\rho_c}$，在临界点附近有 $\dfrac{\tau}{\tau_c} = 1 + \varepsilon^2$。

令 $b = -\rho_c^2 V'$，代入式（3.39）中，消去 ε 的二次项和三次项，展开并化简可得如下简化的偏微分方程：

$$\varepsilon^4 (\partial_T R - m_1 \partial_X^3 R + m_2 \partial_X R^3) + \varepsilon^5 (m_3 \partial_X^2 R + m_4 \partial_X^4 R + m_5 \partial_X^2 R^3) = 0$$

（3.40）

方程（3.40）中的系数 m_1，m_2，m_3，m_4 和 m_5 在表 3.1 中给出。

表 3.1　系数 m_i（i=1, 2, …, 5）

m_1	$\dfrac{\rho_c^2 V'}{6}[3(\rho_c^2 V' \tau_c)^2 - (1+6p) - 3k]$
m_2	$\dfrac{\rho_c^2 V'''}{6}$
m_3	$(\rho_c^2 V')^2 \tau_c$
m_4	$[-\dfrac{3kb^2\tau_c^2 - 5b^3\tau_c^3 + 3k(2b\tau_c - k) - k}{6} + \dfrac{1+14p-8b\tau_c+4k}{24}]\rho_c^2 V'$
m_5	$\dfrac{1+2p-4b\tau_c+2k}{12}\rho_c^2 V'''$

为了得到标准的含有高阶修正项的 mKdV 方程，下面对方程（3.40）中的变量作如下变换：

$$T' = m_1 T \tag{3.41}$$

$$R = \sqrt{\frac{m_1}{m_2}} R' \tag{3.42}$$

得到带有高阶小量的 mKdV 方程：

$$\partial_{T'} R' - \partial_X^3 R' + \partial_X R'^3 + \varepsilon M[R'] = 0 \tag{3.43}$$

其中：

$$M[R'] = \sqrt{\frac{1}{m_1}}[m_3 \partial_X^2 R' + \frac{m_1 m_5}{m_2}\partial_X^2 R'^3 + m_4 \partial_X^4 R'] \tag{3.44}$$

忽略式（3.43）中的高阶小量 $O(\varepsilon)$，得到标准 mKdV 方程。其扭结-反扭结孤立波的解为：

$$R_0'(X, T') = \sqrt{c} \tanh \sqrt{c/2}(X - cT') \tag{3.45}$$

其中，c 为扭结-反扭结孤立波的传播速度。

设 $R'(X, T') = R_0'(X, T') + \varepsilon R_1'(X, T')$，为了确定扭结-反扭结孤立波的传播速度的解析解，下列可解性条件必须被满足。

$$(R_0', M[R']) \equiv \int_{-\infty}^{+\infty} \mathrm{d}X R_0'(X, T') M[R_0'(X, T')] = 0 \tag{3.46}$$

积分后，求得传播速度的解析解为：

$$c = \frac{5 m_2 m_3}{2 m_2 m_4 - 5 m_1 m_5} \tag{3.47}$$

从而可以得到孤立波的统一解为：

$$\rho_j(t) = \rho_c + \sqrt{\frac{m_1 c}{m_2}\left(\frac{\tau}{\tau_c}-1\right)} \tanh\sqrt{\frac{c}{2}\left(\frac{\tau}{\tau_c}-1\right)}\left\{j+\left[1-c_1 m_1\left(\frac{\tau}{\tau_c}-1\right)\right]t\right\}$$

（3.48）

解的幅度为：

$$A = \sqrt{\frac{m_1 c}{m_2}\left(\frac{\tau}{\tau_c}-1\right)}$$

（3.49）

扭结-反扭结孤立波解表示共存相，在共存相里包含低密度区域的自由流运动相和高密度区域的阻塞相。自由流运动相的密度为 $\rho_j = \rho_c - A$，阻塞相的密度为 $\rho_j = \rho_c + A$。根据这两个密度表达式，可以得到密度-敏感系数空间的共存曲线。

图 3.7 在密度-敏感系数 (ρ,a) 空间中同时给出了 $p=0,0.05,0.1$ 时的共存曲线和中性稳定曲线。黑线表现中性稳定曲线，黄线表示共存曲线。共存曲线是根据自由流运动相的密度 $\rho_j = \rho_c - A$ 和阻塞相的密度 $\rho_j = \rho_c + A$ 这两个表达式绘制的。共存曲线的上方区域为稳定区域，当系统参数位于此区域时，无论扰动有多大，扰动都会随着时间的推移逐渐消失，系统最终将演化成匀质流，从而达到稳定状态。中性稳定曲线的下方区域为不稳定区域，当系统的参数位于此区域时，对该系统施加一个小扰动，无论扰动有多小，随着时间的推移扰动将不断被放大，最终演化成阻塞交通流。在亚稳定区域，如果交通流内部出现扰动，且扰动的幅度小于某一临界值，扰动将随着时间的推移而逐渐减弱，最终消失；如果在交通流内部出现扰动，且其幅度大于某一临界值，随着时间的推移，此扰动将导致新交通流相出现，即发

生相变。从图 3.7 中可以看出，由于共存曲线是在临界点 ρ_c 附近得到的，因此解析结果与模拟出的点在临界点附近几乎重合，偏离临界点越远，偏差也就越大。临界点和共存曲线在图中的位置也随着 p 的增大而下降，这样就意味着初始均匀分布的交通流在小扰动的影响下稳定性会随着 p 的增大而增强。

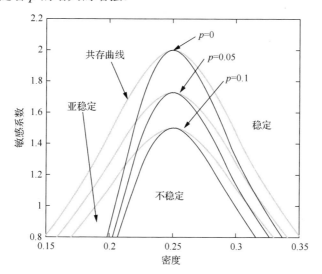

图 3.7　$p = 0, 0.05, 0.1$ 时密度-敏感系数 (ρ, a) 空间的共存曲线和中性稳定曲线

3.5.3　数值模拟与密度波仿真

为了进一步验证前面线性稳定性分析和非线性分析的理论分析结果，我们对由式（3.23）描述的密度演化方程进行数值仿真。

为了便于数值仿真，将密度演化方程（3.23）改写成如下差分方程：

$$\rho_j(t+2\tau) - \rho_j(t+\tau) + \tau\rho_0^2[(1-p)(V(\rho_{j+1}) - V(\rho_j)) + \\ p(V(\rho_{j+2}) - V(\rho_{j+1}))] - k\tau(\Delta\rho_{j+2}(t+\tau) - \Delta\rho_{j+2}(t)) = 0 \quad (3.50)$$

其中，$\Delta\rho_{j+2}(t) = \rho_{j+2}(t) - \rho_{j+1}(t)$。

通过类似3.4节的线性稳定性分析，我们可以得到差分方程（3.50）的线性稳定条件：

$$\rho_0^2 v_e'(\rho_0)\tau > -\frac{1+2p+2k}{3} \quad (3.51)$$

根据式（3.51），我们可以得到密度-敏感系数空间的中性稳定曲线如图3.8所示。从图3.8中可以看出，中性稳定曲线会随着 p 的增大而降低，系统的稳定区域随之增大，从而使得初始状态为均匀流的交通流在小扰动的作用下失稳的可能性降低。该结论与前面一节中的线性稳定性分析结果一致。

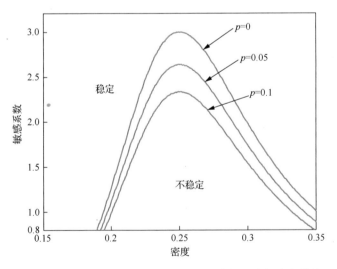

图3.8 $p = 0, 0.05, 0.1$ 时密度-敏感系数空间的中性稳定曲线

第3章 考虑激进驾驶特性的单车道流体力学格子模型

仿真过程中的初始条件设置如下：周期边界条件下，格子总数为 100，第 0 个时间步的初始密度为 $\rho_j(0) = \rho_0 = 0.25$，$j \in [1,100]$。在第 1 个时间步加入一个小扰动，每个格子的平均密度分段表示为：

$$\rho_j(1) = \begin{cases} \rho_j(0), & j \neq 50, 51 \\ \rho_j(0) - 0.1, & j = 50 \\ \rho_j(0) + 0.1, & j = 51 \end{cases} \quad (3.52)$$

数值模拟过程中，取 $\rho_c = \rho_0 = 1/h_c$，$v'_e = (\mathrm{d}v_e/\mathrm{d}\rho)|_{\rho=\rho_0}$，$h_c = 4$，$a = 1/\tau = 2.3$，$p = 0, 0.05, 0.10, 0.15$。根据式（3.51），临界敏感系数（$a_c$）与激进驾驶系数（$p$）之间的关系如表 3.2 所示。

表 3.2 临界敏感系数与激进驾驶强度系数之间的关系

p	0	0.05	0.10	0.15
a_c	3	2.62	2.33	2.10

从表 3.2 可知，当激进驾驶强度系数 p 分别取 0，0.05，0.10 时，临界敏感系数的值均大于本节仿真过程中 $a=2.3$ 的取值。所以，在这三种情况下，如果有扰动加入均匀交通流系统中，扰动随时间的演化将形成阻塞交通流。而当 p 取值为 0.15 时，根据中性稳定曲线和式（3.51）可以计算得到临界敏感系数的值为 2.2，小于本节仿真过程中敏感系数的取值。敏感系数 $a=2.3$ 处于密度-敏感系数平面的稳定区域，如果在此系统中加入扰动，随着时间的演化，扰动将消失，系统将恢复到初始的匀质交通流状态。

图 3.9 给出了经过时间为 10000s 后密度波的时空演化图，图 3.9（a）、图 3.9（b）、图 3.9（c）、图 3.9（d）分别对应 $p=0$、$p=0.05$、

p=0.1 和 p=0.15。根据式（3.51）判断，图3.9（a）、图3.9（b）和图3.9（c）不满足线性稳定条件，不是均匀流，这是由于仿真过程中敏感系数的取值小于临界敏感系数的值，式（3.51）得不到满足。当小扰动加入系统后，随时间的演化，密度波的波动幅度越来越大。而图3.9（d）满足线性稳定条件，是均匀流，说明随着激进驾驶强度系数达到一定的临界值时，系统能够达到稳定状态。这一现象表明，考虑次近邻车辆行驶状态的激进驾驶效应能起到抑制交通阻塞、提高交通流稳定性的作用。

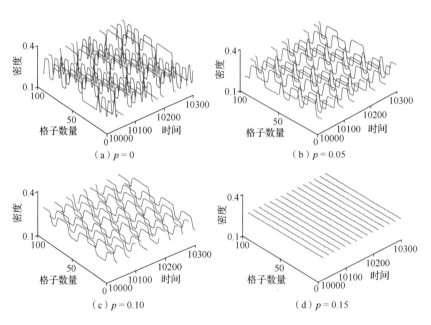

图3.9 经过时间10000s后密度波的时空演化图，
分别对应（a）p=0、（b）p=0.05、（c）p=0.10和（d）p=0.15

第3章 考虑激进驾驶特性的单车道流体力学格子模型

图 3.10 是与图 3.9 相对应的 $t=10300\mathrm{s}$ 时的密度分布图，图 3.10（a）、图 3.10（b）、图 3.10（c）、图 3.10（d）分别对应 $p=0,0.05,0.10,0.15$。根据式（3.51）判断，图 3.10（a）、图 3.10（b）和图 3.10（c）不满足线性稳定条件，图 3.10（d）满足线性稳定条件。从图 3.10（a）中可以看出密度以扭结-反扭结孤立波形式波动，且波动幅度最大。而图 3.10（b）中密度的波动幅度小于图 3.10（a）中密度的波动幅度。图 3.10（c）中密度波的形式已经不像图 3.10（a）和图 3.10（b）中那样明显。图 3.10（d）中，由于敏感系数满足线性稳定条件，系统将达到稳定状态。从图 3.10 中还可以发现，在相同敏感系数条件下，随着 p 的增大，密度波的幅值逐渐减小，自由流区域的宽度逐渐增大；当 p 增大到 0.15 时，交通阻塞消失，密度波恢复到扰动前的均匀状态。因此，阻塞向后传播的幅度和速度随着参数 p 的增大而增大，即考虑激进驾驶效应的情况下，次近邻格点的流量作用的程度越大，阻塞发生的可能性就越小，这在 p 取值较小的情况下是符合实际交通情况的。因此，考虑驾驶员激进驾驶强度特性的作用能够增强交通流的稳定性。

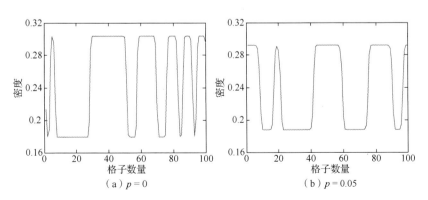

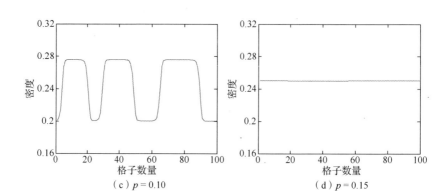

图 3.10　与图 3.9 相对应的 $t=10300\text{s}$ 时的密度分布图

3.6　本章小结

本章首先回顾了 Nagatani 等的流体力学格子模型和学者们的一些扩展流体力学格子模型，在此基础上，从智能驾驶发展趋势角度考虑激进驾驶行为对交通流的影响，提出了一个更符合实际的交通流模型——DALH 模型。通过线性稳定性分析和约化摄动法得到了模型的中性稳定曲线和临界点附近交通流演化规律的 mKdV 方程。当激进驾驶效应被设置为不同强度时，给出了中性稳定曲线在密度-敏感系数空间中的分布情况，并发现随着 p 值的增大，稳定区域不断被放大，非稳定区域被压缩。数值模拟也再现了向后传播的扭结-反扭结孤立波时空演化图，而且随着激进驾驶强度的增加，密度波的波动频率和波动幅度均变小。结果表明激进驾驶行为的扰动对交通拥堵的宏观传播特性具有重要影响，同时，激进驾驶特性越强越不易产生交通拥堵，DALH

模型较 Nagatani 模型更接近现实交通。在 ITS 的应用和交通拥堵控制应用中,道路上的车辆根据本章提出的交通流模型,提前调整自己的驾驶行为,可以减少车辆加速或减速的频率,使格点的平均速度波动区域趋于平缓,宏观上避免陷入拥堵的交通流状态。

第 4 章

考虑多倍优化流差预估效应的单车道流体力学格子模型

4.1 引　　言

宏观交通流模型描述的是交通流三个动态参数之间的相互作用，这三个变量是平均密度、平均流量和平均速度，分别用 $\bar{\rho}(x,t)$、$\bar{q}(x,t)$ 和 $\bar{v}(x,t)$ 表示。宏观交通流模型基于这样一个假设：从宏观角度，在道路上车流应处在平衡态，在平衡态下平均速度和平均密度之间的函数关系可以表示为：

$$\bar{v} = v_e(\bar{\rho}) \qquad (4.1)$$

同时，在平衡态下车流的三个动态参数之间存在如下关系：

$$\bar{q}_e(\rho) = \bar{\rho} v_e(\rho) \qquad (4.2)$$

交通流量的值由平均速度和平均密度共同决定。1998年，Nagatani 提出交通流流体力学格子模型[17]，该模型提出实际的交通流能够依靠最优速度与平均密度的乘积来实现理想的优化效果，进而构建了将有关的连续介质控制方程离散化得到的对应模型，见式(3.6)和式(3.7)。随着 ITS 的发展，驾驶员可以了解前方格子中车辆的更多信息。如果在流体力学格子模型中考虑多个格子之间的优化流差因素，就可以引导阻塞状态下的交通流从宽运动阻塞相向同步阻塞相转变，提高通行能力，抑制交通阻塞。本章在前人成果的基础上，运用交通流流体力学格子模型的思想，基于 ITS 的应用，提出了一种考虑多倍优化流差预估效应的单车道流体力学格子模型，并对模型进行线性稳定性分析和非线性分析,用数值模拟和密度波仿真进一步验证理论分析的结论,验证前方多格点的优化流差信息能否使模型达到优化状态。

4.2 单车道 SMOCDA 模型的提出

2008 年,李志鹏等提出考虑相关流量的流体力学格子模型[35],车辆演化方程由如下微分-差分方程描述:

$$\partial_t \rho_j + \rho_0 \left(\rho_j v_j - \rho_{j-1} v_{j-1} \right) = 0 \tag{4.3}$$

$$\rho_j(t+\tau) v_j(t+\tau) = \rho_0 V(\rho_{j+1}) + \lambda \Delta Q_j \tag{4.4}$$

其中,$\Delta Q_j = \rho_{j+1} v_{j+1} - \rho_j v_j$。

2011 年,田川等[128]在合作驾驶模型的基础上,充分考虑不同情形的状况,建立了流量差流体力学格子合作驾驶模型,其运动方程的数学表达式为:

$$\rho_j(t+\tau) V_j(t+\tau) = \rho_0 V(\rho_{j+1}) + k \rho_0 \sum_{m=1}^{m} \beta_m \Delta Q_{j+m-1} \tag{4.5}$$

其中,k 是流量差作用的强度反应系数。

2011 年,孙棣华和田川[113]考虑驾驶员的预估效应对车流的影响,提出了一种改进的一维交通流流体力学格子模型。

$$\partial_t \rho v = a \rho_0 V \left(\rho(x+\delta) \right) - a \rho v + k a \partial_x Q \left(\rho(x+\delta) \right) \tag{4.6}$$

其中，$Q(\rho(x+\delta))$ 表示 t 时刻 $x+\delta$ 的局部流量，$\partial Q(\rho(x+\delta))/\partial x$ 为流量预估计项，表示驾驶员对前方流量变化的预测反应，k 是反应系数。

2012 年，王涛等[129]提出了类似的模型：

$$\partial_t(\rho_j v_j) = a\rho_0 V(\rho_{j+1}) - a\rho_j v_j + k\sum_{i=1}^{n}\beta_i \Delta Q_{j+i-1} \quad (4.7)$$

2013 年，彭光含[28]在方程（4.4）的基础上，引入预估系数，提出了一种考虑预估流差的单车道流体力学格子模型，其运动方程的差分形式为：

$$\rho_j(t+\tau)v_j(t+\tau) = \rho_0 V(\rho_{j+1}(t+\alpha\tau)) + \lambda\Delta Q_j \quad (4.8)$$

在实际交通中，当前车辆驾驶员的反应不仅依赖于即时的交通状况，还依赖于对前方交通状况的估计，驾驶员的这种预估效应对车流具有不可忽视的影响。我们观察实际交通流，不难发现，驾驶员总是根据可能的动态预估信息来调整他们的驾驶行为。在 t 时刻，驾驶员往往能够通过周围环境感知经过 τ 时间后的交通相关信息（比如前方车头间距信息、流量信息、密度信息等）做出决策，从而在 $t+\tau_1$ 时刻根据决策信息来调整他们的车速，这里 τ_1 指的是驾驶员对车距感知的时延。一旦驾驶员决策后，驾驶员需要花费 τ_2 的时间来让车辆执行决策，这里 τ_2 指的是车辆制动的时延。因此，在 $t+\tau_1+\tau_2$ 时刻，汽车才会真正响应决策。我们设 τ_1 与 τ 成线性关系，即 $\tau_1 = \alpha\tau$，α 是预估系数。$\tau = 1/a$ 表示总时延，不同的敏感系数 a 导致了交通流到达最优的时间也不同。

如上所述，目前已有许多学者从连续宏观模型和微观模型的角度

第4章 考虑多倍优化流差预估效应的单车道流体力学格子模型

对预估效应进行了研究，研究结果也证实了预估效应对车流特性具有重要的影响，然而现有的流体力学格子模型缺少考虑多倍优化流差的预估效应这一因素。根据 Nagatani 的流体力学格子模型思想，考虑驾驶员对前方多倍优化流差的预估效应（Multiple Optimal Current Differences' Anticipation，MOCDA），可以构建一个新的考虑多倍优化流差预估效应的单车道流体力学格子模型（Single-lane MOCDA Model，简称 SMOCDA 模型）。图 3.2 中，我们已经给出了一个典型的交通系统的物理层和网络层的结构示意。对图 3.2 所示的交通系统，我们提出以下假设：任意一个格点都能够根据优化函数来自适应调节它的流量变化；任意一个格点能够接收前方格点的流量和密度信息；流量的调节以一定时间为间隔。SMOCDA 模型系统框架如图 4.1 所示。

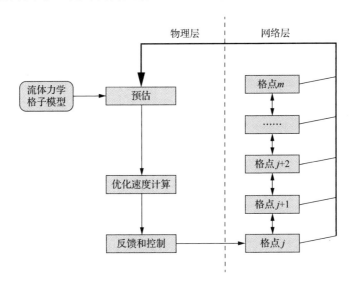

图 4.1 SMOCDA 模型系统框架

（1）在 k 时刻，当前格点接收前方格点的密度和流量相关信息，这些信息可以通过 ITS 中的信息交换技术（如传感器）进行传输。

(2)当前格点接收到前方密度和流量信息后,有 τ_1（设 $\tau_1 = \alpha\tau$）时间的反应时延。

(3)利用获得的前方格点的流量,根据优化速度函数,得到前方格点的优化流差信息,根据流体力学格子模型方程来计算当前格点 τ 时刻后的密度和流量信息,达到控制当前格点流量的目的。

(4)在下一个时刻,如 $k+1$ 时刻,重复上述过程。

基于以上考虑,我们构建 SMOCDA 模型,其运动方程如下:

$$\rho_j(t+\tau)v_j(t+\tau) = \rho_0 V(\rho_{j+1}(t+\alpha\tau)) + \lambda\sum_{l=1}^{m}\beta_l \Delta F_{j+l}(t+\alpha\tau) \quad (4.9)$$

式(4.3)和式(4.9)即构成了本章提出的 SMOCDA 模型。这里 $\Delta F_{j+l}(t+\alpha\tau) = \rho_0 V(\rho_{j+l+1}(t+\alpha\tau)) - \rho_0 V(\rho_{j+l}(t+\alpha\tau))$ $(l=1,2,\ldots,m)$ 表示多倍优化流差预估效应。λ 表示对多倍优化流差预估效应的反应系数。ρ_0 为平均密度,弛豫时间 τ 与敏感度 a 互为倒数关系。α 代表预估系数,反映了不同驾驶员具有不同的驾驶行为特性。如果 $\alpha>0$,表示驾驶员的驾驶行为中包含了预估行为。驾驶员的反应不仅依赖于当时的交通状况,还依赖于对将来交通状况的估计。驾驶员能预估 $t+\alpha\tau$ 时刻的驾驶员的驾驶行为中涉及的预估行为。驾驶员能预估 $t+\alpha\tau$ 时刻的预估优化速度 $V(\rho_{j+l}(t+\alpha\tau))$,以调整当前的车速。因此,$\alpha$ 取值越大,对应的驾驶员的驾驶经验越丰富。m 表示考虑前方多个格点信息的格点个数。当 $\alpha=0$,$m=1$ 时,退化为 Peng 模型[28]。β_l 是考虑第 l 个格点的优化流差预估效应的权重。$\beta_l(l=1,2,3,\ldots,m)$ 具有如下性质。

(1)$\beta_l(l=1,2,3,\ldots,m)$ 是个减函数,也就是说 $\beta_l < \beta_{l-1}$,表示距离当前车越近的格点,影响因子才会越大。特别是最近邻车格点,将会

直接影响当前格点的车辆是加速、减速还是匀速。当 $m=1$ 时,模型退化为只考虑最近邻格点的模型。

(2) $\sum_{l=1}^{m} \beta_l = 1$。即所有格点的预估权重系数之和为 1。当 $m=1$ 时 $\beta_l = 1$。

本书中我们考虑 $m>1$ 的情况。β_l 的选取如下:

$$\beta_l = \begin{cases} \dfrac{p-1}{p^l}, l \neq m \\ \dfrac{1}{p^{l-1}}, l = m \end{cases} \quad (4.10)$$

由于只考虑 $m>1$ 的情况,p 取值可取 $2, 3, 4, \ldots$。取 $p=3$ 和 $m=4$,就有 $\beta_1 = 2/3$,$\beta_2 = 2/9$,$\beta_3 = 2/27$,$\beta_4 = 1/27$。

优化速度函数,和第 3 章一样,采用如下形式:

$$V(\rho) = (v_{\max}/2)[\tanh(1/\rho) + \tanh(h_c)] \quad (4.11)$$

其中 h_c 和 $v_{\max}$ 表示确保不发生追尾安全事故的安全距离,以及车辆行驶的最大速度。消去式(4.3)和式(4.9)的速度项,得到如下密度方程:

$$\begin{aligned} &\rho_j(t+2\tau) - \rho_j(t+\tau) + \tau\rho_0^2(V(\rho_{j+1}) - V(\rho_j)) + \\ &\alpha\tau\rho_0^2(V'(\rho_{j+1})\tilde{\Delta}\rho_{j+1} - V'(\rho_j)\tilde{\Delta}\rho_j) + \\ &\lambda\tau\rho_0 \sum_{l=1}^{m} \beta_l(\Delta F_{j+l} - \Delta F_{j+l-1}) + \lambda\alpha\tau\rho_0^2 \sum_{l=1}^{m} \beta_l(V'(\rho_{j+l+1})\tilde{\Delta}\rho_{j+l+1} - \\ &2V'(\rho_{j+l})\tilde{\Delta}\rho_{j+l} + V'(\rho_{j+l-1})\tilde{\Delta}\rho_{j+l-1}) = 0 \end{aligned} \quad (4.12)$$

其中,$\tilde{\Delta}\rho_{j+l} = \rho_{j+l}(t+\tau) - \rho_{j+l}(t)$。

4.3 SMOCDA 模型的线性稳定性分析

本节我们应用线性稳定性理论,在周期边界条件下对 SMOCDA 模型进行线性稳定性分析。

假定其中的初始状态为密度为常数 ρ_0 的匀质交通流,其中的全部格子都存在对应的最优速度 $V(\rho_0)$。那么稳定状态的格子系统的解为:

$$\rho_j(t) = \rho_0, \quad v_j(t) = V(\rho_0) \tag{4.13}$$

假设 $y_j(t)$ 是格点 j 处偏离定态解的一个小扰动:

$$\rho_j(t) = \rho_0 + y_j(t) \tag{4.14}$$

将式(4.14)代入方程(4.12)并将方程线性化,可得:

$$y_j(t+2\tau) - y_j(t+\tau) + \tau\rho_0^2 V'(\rho_0)\Delta y_j(t) + \alpha\tau\rho_0^2 V'(\rho_0)(\tilde{\Delta}y_{j+1} - \tilde{\Delta}y_j) + \lambda\tau\rho_0^2 V'(\rho_0)\sum_{l=1}^{m}\beta_l(\Delta y_{j+l}(t) - \Delta y_{j+l-1}(t)) + \lambda\alpha\tau\rho_0^2 V'(\rho_0)\sum_{l=1}^{m}\beta_l(\tilde{\Delta}y_{j+l+1} - 2\tilde{\Delta}y_{j+l} + \tilde{\Delta}y_{j+l-1}) = 0$$

$$\tag{4.15}$$

其中,$\Delta y_{j+l} = y_{j+l+1} - y_{j+l}$,$V'(\rho_0) = \mathrm{d}V(\rho)/\mathrm{d}\rho\big|_{\rho=\rho_0}$。将 y_j 展开成傅里叶级数形式 $y_j = A\exp(ikj + zt)$,代入上式并进行傅里叶级数展开,得到:

$$e^{2z\tau} - e^{z\tau} + \tau\rho_0^2 V'(\rho_0)(e^{ik}-1) + \alpha\tau\rho_0^2 V'(\rho_0)(e^{\tau z}-1)(e^{ik}-1) +$$
$$\lambda\tau\rho_0^2 V'(\rho_0)\sum_{l=1}^{m}\beta_l e^{ikl}(e^{2ik}-e^{ik}+1) + \quad (4.16)$$
$$\lambda\alpha\tau\rho_0^2 V'(\rho_0)\sum_{l=1}^{m}\beta_l (e^{\tau z}-1)(e^{2ik}-e^{ik}+1) = 0$$

将 z 做级数展开,有 $z = z_1(ik) + z_2(ik)^2 + \ldots$,并代入方程(4.14),忽略高阶项,得到关于 z 的一阶、二阶项:

$$z_1 = -\rho_0^2 V'(\rho_0) \quad (4.17)$$

$$z_2 = -[\frac{1+2\lambda\sum_{l=1}^{m}\beta_l}{2} + \frac{(3-2\alpha)\rho_0^2 V'(\rho_0)\tau}{2}]\rho_0^2 V'(\rho_0) \quad (4.18)$$

根据文献[17]中的方法,当 $z_2 < 0$ 时,稳定交通流将变得不稳定;反之,当 $z_2 > 0$ 时,稳定交通流将继续保持稳定。临界稳定条件为:

$$\tau = -\frac{1+2\lambda\sum_{l=1}^{m}\beta_l}{(3-2\alpha)\rho_0^2 V'(\rho_0)} \quad (4.19)$$

临界稳定性曲线将线性稳定区域划分为两个区域:稳定区域在曲线的上方,不稳定区域在曲线的下方。因此线性稳定条件为:

$$\tau < -\frac{1+2\lambda\sum_{l=1}^{m}\beta_l}{(3-2\alpha)\rho_0^2 V'(\rho_0)} \quad (4.20)$$

当 $\lambda = 0$,$\alpha = 0$ 时,线性稳定条件退化为 Nagatani 模型[17]的线性稳定条件:

$$\tau < -\frac{1}{3\rho_0^2 V'(\rho_0)} \qquad (4.21)$$

基于上述线性稳定性分析，可以得到如下引理。

引理：如果线性稳定条件 $\left[a > -(3-2\alpha)\rho_0^2 V'(\rho_0) \Big/ \left(1 + 2\lambda \sum_{l=1}^{m}\beta_l\right)\right]$ 满足，则 SMOCDA 模型中单车道交通拥堵的流量波动不会被放大，道路的交通流逐渐趋于稳定状态。

4.4 SMOCDA 模型的非线性密度波分析

上一节我们得到了 SMOCDA 模型的线性稳定条件，本节继续对该模型进行非线性分析，得到 SMOCDA 模型对应的交通流密度波的解，并采用数值模拟方法模拟存在小扰动的初始均匀交通流随着时间推移的演化情况。

4.4.1 模型的非线性分析和 mKdV 方程

在交通流不稳定区域的临界点 (ρ_c, a_c) 附近考虑时间慢变量和空间慢变量的变化行为，分析交通流的非线性现象。设时间慢变量和空间慢变量分别为 X 和 T，在 $0 < \varepsilon < 1$ 时有：

$$X = \varepsilon(j + bt), T = \varepsilon^3 t \qquad (4.22)$$

$$\rho_j = \rho_c + \varepsilon R(X, T) \qquad (4.23)$$

其中，b 是待定常数。根据式（4.20）和式（4.21），展开方程（4.13）的每一项到 ε^5 项，得到

$$\varepsilon^2 k_1 \partial_X R + \varepsilon^3 k_2 \partial_X^2 R + \varepsilon^4 (\partial_T R + k_3 \partial_X^3 R + k_4 \partial_X R^3) + \\ \varepsilon^5 (k_5 \partial_T \partial_X R + k_6 \partial_X^4 R + k_7 \partial_X^2 R^3) = 0 \quad (4.24)$$

其中，强度差系数 k_i（$i=1,2,\ldots,7$）的取值如表 4.1 所示，且 $V' = \mathrm{d}V(\rho)/\mathrm{d}\rho|_{\rho=\rho_c}$，$V''' = \mathrm{d}^3V(\rho)/\mathrm{d}\rho^3|_{\rho=\rho_c}$。

在临界点 (ρ_c, a_c) 附近有 $\tau/\tau_c = 1+\varepsilon^2$，令 $b=-\rho_c^2 V'$，消去式（4.24）中 ε 的二次项和三次项，并代入 $b=-\rho_c^2 V'$，展开化简可得：

$$\varepsilon^4 (\partial_T R - g_1 \partial_X^3 R + g_2 \partial_X R^3) + \varepsilon^5 (g_3 \partial_X^2 R + g_4 \partial_X^4 R + g_5 \partial_X^2 R^3) = 0 \quad (4.25)$$

其中，强度差系数 g_i（$i=1,2,\ldots,5$）的取值如表 4.2 所示。

借鉴文献[127]的方法，得到扭结-反扭结孤立波的传播速度为：

$$c = \frac{5 g_2 g_3}{2 g_2 g_4 - 3 g_1 g_5} \quad (4.26)$$

因此，我们得到扭结-反扭结孤立波的解为：

$$\rho_j(t) = \rho_c + \sqrt{\frac{g_1 c}{g_2}\left(\frac{\tau}{\tau_c}-1\right)} \tanh \sqrt{\frac{c}{2}\left(\frac{\tau}{\tau_c}-1\right)} \left\{ j + \left[1 - c g_1 \left(\frac{\tau}{\tau_c}-1\right)\right] t \right\} \quad (4.27)$$

解的幅度为：

$$A = \sqrt{\frac{g_1 c}{g_2}\left(\frac{\tau}{\tau_c}-1\right)} \quad (4.28)$$

表 4.1 强度差系数 k_i 的取值

k_1	k_2	k_3	k_4
$b+\rho_c^2 V'$	$\dfrac{3b^2\tau}{2}+\dfrac{1+2b\alpha\tau+2\lambda\sum_{l=1}^{m}\beta_l}{2}\rho_c^2 V'$	$\dfrac{7b^3\tau^2+(1+3\alpha b\tau(1+b\tau)+6\lambda\sum_{l=1}^{m}\beta_l+6\alpha b\tau\lambda)\rho_c^2 V'}{6}$	$\dfrac{\rho_c^2 V'''}{6}$

k_5	k_6	k_7	
$3b\tau+\alpha\tau\rho_c^2 V'$	$\dfrac{(1+14\lambda\sum_{l=1}^{m}\beta_l)+4\alpha(b\tau+3b^2\tau^2/2+b^3\tau^3)+12\alpha\lambda(b^3\tau^3+2b\tau)\rho_c^2 V'}{24}+\dfrac{5b^4\tau^3}{8}$	$\dfrac{1}{12}\rho_c^2 V'''(2\lambda\sum_{l=1}^{m}\beta_l-1)$	

表 4.2 强度差系数 g_i 的取值

g_1	g_2	g_3	g_4	g_5
$\dfrac{7b^3\tau_c^2}{6}+\dfrac{b(1+3\alpha b\tau_c(1+b\tau_c))}{6}+\dfrac{b(6\lambda\sum_{l=1}^{m}\beta_l l+6\alpha b\tau_c\lambda)}{6}$	$\dfrac{\rho_c^2 V'''}{6}$	$\dfrac{3b^2\tau_c}{2}+b\alpha\tau_c\rho_c^2 V'$	$(3b+\alpha\rho_c^2 V')\tau_c g_1+\dfrac{5b^4\tau_c^3}{8}+\rho_c^2 V'\left[\dfrac{1}{6}+\dfrac{7}{2}\lambda\sum_{l=1}^{m}\beta_l+\right.$ $\left.3\alpha\lambda(b^2\tau_c^2+2b\tau_c)+\alpha(b\tau_c\dfrac{3b^2\tau_c}{2}+b^3\tau_c^3)\right]$	$\dfrac{1}{12}\rho_c^2 V'''(2\lambda\sum_{l=1}^{m}\beta_l-1)$

第4章 考虑多倍优化流差预估效应的单车道流体力学格子模型

扭结-反扭结孤立波解表示共存相，在共存相里包含低密度区的自由流运动相和高密度区域的阻塞相。自由流运动相的密度为 $\rho_j = \rho_c - A$，阻塞相的密度为 $\rho_j = \rho_c + A$。根据这两个密度表达式，可以得到密度-敏感系数空间的共存曲线。根据式（4.19），可以得到密度-敏感系数空间的中性稳定曲线。

图4.2在密度-敏感系数 (ρ, a) 空间中给出了在 $m=1$ 时及考虑不同的预估系数时对应的共存曲线和中性稳定曲线。

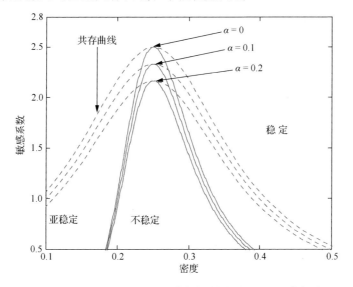

图 4.2　$m=1$，$\alpha=0,0.1,0.2$ 时密度-敏感系数 (ρ,a) 空间的共存曲线和中性稳定曲线

注：实线和虚线分别表示考虑不同的预估系数 α 时的共存曲线和中性稳定曲线。

当系统参数位于虚线也就是共存曲线的上方区域时，系统呈现稳定状态。在此情况下，无论对初始均匀的交通流系统施加多大的扰动，系统均能维持其稳定性。相反，当系统参数位于实线也就是中性稳定性曲线的下方区域时，系统则展现出线性不稳定性。此时，即便是对初始均匀的交通流系统施加极小的扰动，该扰动也会随时间推移而逐渐放大，导致交通流演变为阻塞状态。在共存曲线和中性稳定曲线的中间区域即为亚稳定区域。对初始均匀的交通流系统，如果加入的扰动幅度小于某一临界幅度，系统会随着时间的演化而趋于稳定，交通流会演化为均匀流，扰动会随时间的推移而减弱直至消失；如果加入的扰动幅度大于某一临界幅度，初始均匀的交通流会演变为阻塞流，系统会发生相变。从图 4.2 中我们可以看出，$\alpha=0$ 时对应的曲线表示不考虑前面优化流差的影响，此时该模型即为 Nagatani 流体力学格子模型[17]。从图 4.2 可知，考虑预估效应后，中性稳定曲线和共存曲线随着预估系数 α 的增大而降低，位于共存曲线上方的稳定区域随着预估系数 α 的增大而增大，而不稳定区域和亚稳定区域随着预估系数 α 的增大而减小，这也说明了在交通流模型中考虑预估效应的重要性和必要性。

图 4.3 在密度-敏感系数 (ρ,a) 空间中给出了 $\alpha=0.3$ 时，m 取不同值时对应的共存曲线和中性稳定曲线，实线表示中性稳定曲线，虚线表示共存曲线。共存曲线的上方区域为稳定区域，中性稳定曲线的下方区域为不稳定区域，虚线和实线之间的区域为亚稳定区域。$m=1$ 对应曲线表示考虑当前格子与前面一个格子之间的优化流差效应时的中性稳定曲线和共存曲线。$m=2$ 对应曲线表示考虑当前格子与前面两个格子之间的优化流差效应时的中性稳定曲线和共存曲线。从图 4.3 中可以看出，m 取值为 2 时与 m 取值为 1 时相比，两条曲线的纵坐标位置均下降，不稳定区域缩小，稳定区域扩大，即敏感系数的临界值减小，因此交通流系统更容易达到稳定状态。当 m 取值为 3 时，图中两条曲线分别表示考虑当前格子与前面三个格子之间的优化流差效应时的中性稳定曲线和共存曲线。从图 4.3 中可以看出，这两条曲线的纵坐标位置进一步下移，敏感系数的临界值进一步减小，稳定区域进一步扩大。通过以上分析，我们不难得出结论，图中的曲线位置和临界点位置会随着向前考虑格子数量的增加而降低，系统在加入小扰

第4章 考虑多倍优化流差预估效应的单车道流体力学格子模型

动情况下稳定流随着时间演化出现阻塞流的可能性降低。但是，这种关系并不是线性的，当 m 取值为 4 时，与 m 取值为 3 时的效果就相差甚微了。这是因为驾驶员在驾驶过程中主要受与他前面紧邻的格子的影响，较远的格子虽然也有影响，但存在一个交通流状态传播时间问题，所以较远格子对当前格子的影响较小。当 m 增加到一定值后，临界敏感度就不会再进一步变化了。考虑更多格点时对稳定性影响的变化已经微乎其微，只会带来资源的浪费。因此，m 取 3 时可以认为系统已达到最优状态。事实上，最优状态时 m 的取值与加权函数的选取形式有关，不同的选取方案会导致不同的 m 取值结果的细微区别。我们在实际应用时可以根据道路安全时距和安全间距的不同来选取不同的加权函数，从而确定最优状态下 m 的取值。加权函数总是满足以下选取原则，即最近邻前车的车辆权值最大，距当前车越远的车辆权值应该越小。

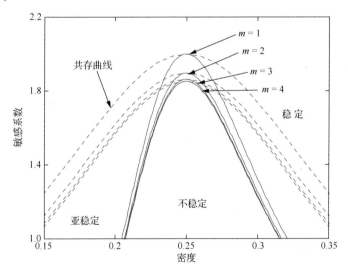

图 4.3 $\alpha=0.3$，m 分别取 1,2,3,4 时，密度-敏感系数 (ρ,a) 空间的
共存曲线和中性稳定曲线

注：实线和虚线分别表示考虑不同的格点数 m 时的共存曲线和中性稳定曲线。

4.4.2 数值模拟与密度波仿真

为了进一步验证前面线性分析和非线性分析的理论分析结果,我们对由式(4.12)描述的密度演化方程进行数值仿真。仿真过程中采用周期边界条件,初始条件设置如下:

$$\begin{cases} \rho_j(1) = \rho_j(0) = \rho_0, & j \neq 50, 51 \\ \rho_j(1) = \rho_j(0) = \rho_0 - \sigma, & j = 50 \\ \rho_j(1) = \rho_j(0) = \rho_0 + \sigma, & j = 51 \end{cases} \quad (4.29)$$

格子总数为 $M = 100$,其他初始条件为:$\sigma = 0.1$,$a = 1/\tau = 1.89$,$\rho_c = \rho_0 = 0.25$,$\lambda = 0.1$,$\beta = 3$。

图 4.4 给出了当 $m = 1$ 时,经过 $t = 10000s$ 后密度波的时空演化图,图 4.4(a)、图 4.4(b)、图 4.4(c)和图 4.4(d)分别对应 $\alpha = 0$、$\alpha = 0.1$、$\alpha = 0.2$ 和 $\alpha = 0.3$。从图 4.4 中看出,密度波的幅度随着对格点间优化流差的预估系数 α 的增大而减小。这一现象表明,考虑预估效应能抑制交通流阻塞,提高交通流的稳定性。图 4.5 是与图 4.4 相对应的 $t = 10300s$ 时的密度分布图,图 4.5(a)、图 4.5(b)、图 4.5(c)、图 4.5(d)分别对应 $\alpha = 0$、$\alpha = 0.1$、$\alpha = 0.2$ 和 $\alpha = 0.3$。从图 4.5 中可以明显发现,随着 α 的增大,密度波的幅度逐渐减小。

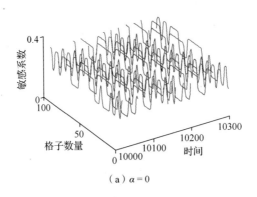

(a) $\alpha = 0$

第4章 考虑多倍优化流差预估效应的单车道流体力学格子模型

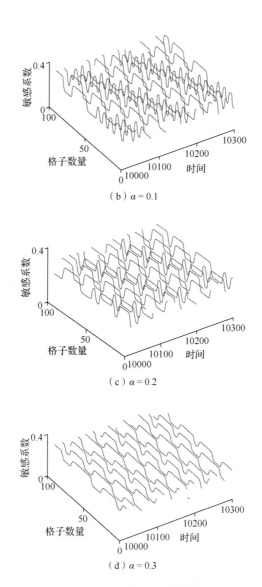

图4.4 $a=1.89$，$\lambda=0.1$，$m=1$时，α 分别取 0，0.1，0.2，0.3 时，$t=10000s$ 后的密度波时空演化图

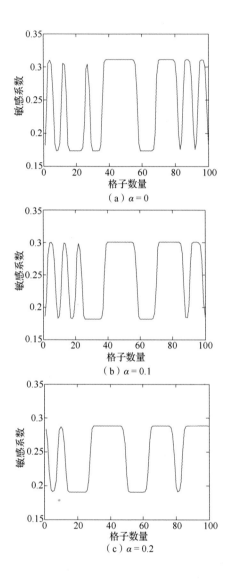

(a) $\alpha = 0$

(b) $\alpha = 0.1$

(c) $\alpha = 0.2$

第4章 考虑多倍优化流差预估效应的单车道流体力学格子模型

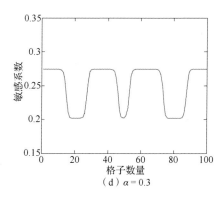

(d) $\alpha = 0.3$

图 4.5 $a = 1.89$, $\lambda = 0.1$, $m = 1$ 时, α 分别取 0, 0.1, 0.2, 0.3 时, 与图 4.4 对应的 $t = 10300$s 时的密度分布图

图 4.6 给出了当 $\alpha = 0.3$ 时, 经过 $t = 10000$s 后密度波的时空演化图, 图 4.6(a)、图 4.6(b)、图 4.6(c)、图 4.6(d) 分别对应 $m = 1, 2, 3, 4$。根据式 (4.18) 判断, 图 4.6(a)、图 4.6(b) 不满足线性稳定条件, 不是均匀流, 图 4.6(c)、图 4.6(d) 满足线性稳定条件, 是均匀流。而从图 4.6 中看出, 密度波的幅度随着对格点间优化流差的预估格点数目的增加而减小。当 m 增加到 3 时, 使得仿真过程中给定的敏感系数满足线性稳定条件, 匀质交通流系统的小扰动将被吸收, 图 4.6(c)、图 4.6(d) 很好地诠释了这种情况。

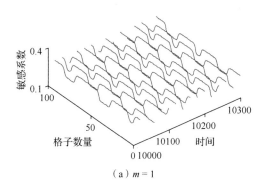

(a) $m = 1$

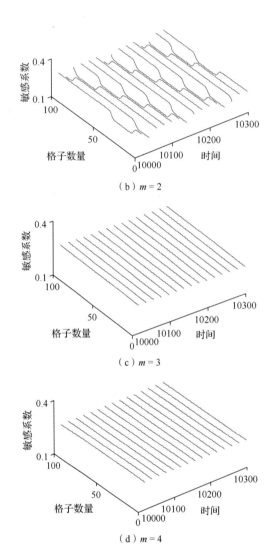

（b）$m=2$

（c）$m=3$

（d）$m=4$

图 4.6　$a=1.89$，$\lambda=0.1$，$\alpha=0.3$ 时，m 分别取 1，2，3 和 4 时，$t=10000s$ 后的密度波时空演化图

图 4.7 是与图 4.6 相对应的 $t=10300s$ 时的密度分布图，图 4.7（a）、图 4.7（b）、图 4.7（c）、图 4.7（d）分别对应 $m=1,2,3,4$。根据式（4.18）

第4章 考虑多倍优化流差预估效应的单车道流体力学格子模型

判断，图4.7（a）、图4.7（b）不满足线性稳定条件，图4.7（c）、图4.7（d）满足线性稳定条件。从图4.7中可以发现，随着m的增大，密度波的幅值逐渐减小。当m增加到3时，交通恢复到扰动前的均匀状态。由上述分析可知，数值仿真结果与理论分析一致。

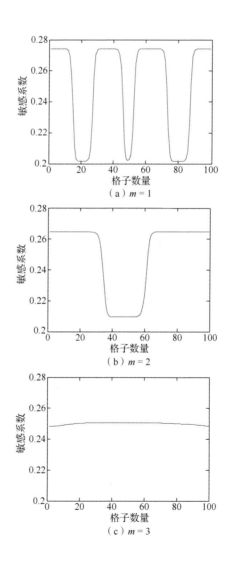

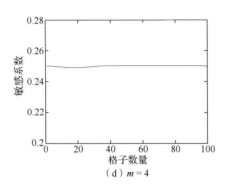

图 4.7　$a=1.89$，$\lambda=0.1$，$\alpha=0.3$ 时，m 分别取 1，2，3 和 4 时，与图 4.6 对应的 $t=10300s$ 时的密度分布图

4.5　本章小结

本章从宏观视角出发，基于前向多倍优化流差预估效应的考量，构建了一种新颖的单车道流体力学格子模型。该模型创新性地纳入了驾驶员对前方广泛范围内的优化流差预估效应，旨在探索这些因素如何有效提升交通流的稳定性。基于 Nagatani 流体力学格子模型，提出了一种考虑多倍优化流差预估效应的单车道流体力学格子模型（简称 SMOCDA 模型）。

通过线性稳定性分析与非线性分析，以及动力学模拟等手段，我们将 SMOCDA 模型与经典模型进行了数值仿真。结果显示，两者在理论分析与数值仿真层面均展现出一致性，验证了利用多倍优化流差预估效应来抑制交通拥堵的方法对于促进交通流稳定性具有显著效果，并能有效缓解交通阻塞现象。

第4章　考虑多倍优化流差预估效应的单车道流体力学格子模型

最后，借助密度波的时空演化仿真，我们不仅进一步验证了理论分析的正确性，还确定了在特定情境下，系统能够达成优化状态的具体参数值。这一优化状态不仅能够有效遏制交通拥堵，还避免了资源的无谓浪费。

第 5 章

考虑多倍优化流差预估效应的双车道流体力学格子模型

5.1 引　　言

上一章研究了考虑多倍优化流差预估效应的单车道流体力学格子模型的交通流特性。单车道模型不能描述换道等实际交通现象。道路通行力一方面是前后车相互作用的结果，通过获取下游交通流流量信息，从而预估下游的优化流量信息，进而反馈到交通系统的上游中，从而调整当前及未来上游车辆的交通状态，有效地提高交通流的稳定性；另一方面是车道间车辆相互作用的结果，车辆总是从密度高的车道变换到密度低的车道。基于 ITS 的应用，本章进一步提出了一个更加符合实际的交通模型——考虑多倍优化流差预估效应的双车道流体力学格子模型（DMOCDA 模型），利用双车道流体力学格子模型研究多倍优化流差预估效应和换道作用等参数对交通流稳定性的影响。

5.2　双车道流体力学格子模型

上一章的研究都是基于 Nagatani[17]提出的单车道流体力学格子模型，为了方便阅读，我们将守恒方程和运动方程重写如下：

$$\partial_t \rho_j + \rho_0 \left(\rho_j v_j - \rho_{j-1} v_{j-1} \right) = 0 \qquad (5.1)$$

$$\partial_t \rho_j v_j = a\rho_0 V\left(\rho_{j+1} \right) - a\rho_j v_j \qquad (5.2)$$

第5章 考虑多倍优化流差预估效应的双车道流体力学格子模型

当我们描述道路网络中的交通流状况时,多车道的模型往往更符合实际交通状况,因为实际中大部分的道路网都是由两个以上的车道组成的。在两个以上车道的公路上,超车行为和换道行为常有发生,而单车道流体力学格子模型不能描述这些情况。Nagatani 将描述单车道交通现象的流体力学格子模型进一步扩展,得到描述双车道交通现象的双车道流体力学格子模型[22]。在双车道流体力学格子模型的连续方程中引入了换道系数,并描述了换道现象的发生。双车道交通流的流体力学格子模型示意图如图5.1所示。

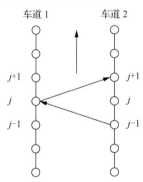

图5.1　双车道交通流的流体力学格子模型示意图

连续车道被离散成若干个格点。$\rho_{1,j}(t)$ 和 $\rho_{2,j-1}(t)$ 分别是在 t 时刻车道1上格点 j 处的局部密度和在 t 时刻车道2上格点 $j-1$ 处的局部密度。

在没有换道的情况下,根据单车道守恒方程,可以写出在 t 时刻车道1和车道2上格点 j 处局部密度的守恒方程,分别为式(5.3)和式(5.4)。

$$\partial_t \rho_{1,j}(t) + \rho_0 \left(\rho_{1,j}(t) v_{1,j}(t) - \rho_{1,j-1}(t) v_{1,j-1}(t) \right) = 0 \quad (5.3)$$

$$\partial_t \rho_{2,j}(t) + \rho_0 \left(\rho_{2,j}(t) v_{2,j}(t) - \rho_{2,j-1}(t) v_{2,j-1}(t) \right) = 0 \quad (5.4)$$

下面我们考虑换道情况,在以下两种情况中车道间车辆会有换道现象发生。

(1)当 $\rho_{2,j-1}(t) > \rho_{1,j}(t)$ 时,也就是说,当车道 2 中上游格点 $j-1$ 处的局部密度大于车道 1 中格点 j 处的局部密度时,将会有车辆从车道 2 的格点 $j-1$ 换道到车道 1 的格点 j。换道流量为 $\gamma|\rho_0^2 V'(\rho_0)|(\rho_{2,j-1}(t)-\rho_{1,j}(t))$,$\gamma$ 为给定的无量纲系数,ρ_0 是平均密度,引入常数 $|\rho_0^2 V'(\rho_0)|$ 是为了得到无量纲数。

(2)当 $\rho_{1,j}(t) > \rho_{2,j+1}(t)$ 时,也就是说,当车道 1 中格点 j 处的局部密度大于车道 2 中下游格点 $j+1$ 处的局部密度时,将会有车辆从车道 1 的格点 j 换道到车道 2 的格点 $j+1$。换道流量为 $\gamma|\rho_0^2 V'(\rho_0)|(\rho_{1,j}(t)-\rho_{2,j+1}(t))$。

基于以上的换道规则,我们可以重写式(5.3)和式(5.4),得到考虑换道情况下 t 时刻的车道 1 和车道 2 上格点 j 处局部密度的守恒方程,分别为式(5.5)和式(5.6)。

$$\partial_t \rho_{1,j}(t) + \rho_0 \left(\rho_{1,j}(t) v_{1,j}(t) - \rho_{1,j-1}(t) v_{1,j-1}(t)\right) \\ = \gamma|\rho_0^2 V'(\rho_0)|(\rho_{2,j+1}(t) - 2\rho_{1,j}(t) + \rho_{2,j-1}(t)) \quad (5.5)$$

$$\partial_t \rho_{2,j}(t) + \rho_0 \left(\rho_{2,j}(t) v_{2,j}(t) - \rho_{2,j-1}(t) v_{2,j-1}(t)\right) \\ = \gamma|\rho_0^2 V'(\rho_0)|(\rho_{1,j+1}(t) - 2\rho_{2,j}(t) + \rho_{1,j-1}(t)) \quad (5.6)$$

为简化表达式,在后面的公式中忽略时间 t,将式(5.5)和式(5.6)相加得到双车道流体力学格子模型的连续方程:

$$\partial_t \rho_j(t) + \rho_0(\rho_j v_j - \rho_{j-1} v_{j-1}) = \gamma|\rho_0^2 V'(\rho_0)|(\rho_{j+1} - 2\rho_j + \rho_{j-1}) \quad (5.7)$$

其中,$\rho_j = \dfrac{\rho_{1,j} + \rho_{2,j}}{2}$,$\rho_j v_j = \dfrac{\rho_{1,j} + \rho_{2,j}}{2}$。

第5章 考虑多倍优化流差预估效应的双车道流体力学格子模型

Nagatani[22]的双车道模型中,每个车道的运动方程与换道无关,即运动方程不受换道的影响,因此双车道交通流流体力学格子模型的运动方程为:

$$\partial_t(\rho_j v_j) = a\rho_0 V(\rho_{j+1}) - a\rho_j v_j \quad (5.8)$$

2013年,Peng在式(5.8)的基础上,考虑了优化流差效应[31],结果表明,优化流差效应对双车道交通流系统有着重要的影响。在Peng提出的模型中,连续方程保持不变,但是在运动方程中考虑了$j+2$格点和$j+1$格点的优化流差效应。优化流差效应与提高交通流的稳定性和抑制交通拥堵有着密切的联系。改进后的运动方程为:

$$\partial_t(\rho_j v_j) = a[\rho_0 V(\rho_{j+1}) - \rho_j v_j] + a\lambda[\rho_0 V(\rho_{j+2}) - \rho_0 V(\rho_{j+1})] \quad (5.9)$$

Peng在另一篇论文中提出了一种新的考虑多倍预估效应的双车道流体力学格子模型[130],考虑了双车道交通的换道现象,发现多倍预估效应能提高双车道交通流的稳定性。该模型的运动方程为:

$$\partial_t(\rho v) = a\rho_0 V(\rho(x+\delta)) - a\rho v + \lambda \sum_{l=1}^{m} \beta_l \frac{\partial Q(x+l\delta)}{\partial x} \quad (5.10)$$

将x无量纲化,式(5.10)可以变为:

$$\partial_t(\rho_j v_j) = a[\rho_0 V(\rho_{j+1}) - \rho_j v_j] + \lambda \rho_0 \left[\sum_{l=1}^{m} \beta_l (\rho_{j+l} v_{j+l} - \rho_{j+l-1} v_{j+l-1})\right]$$

$$(5.11)$$

2015年,Sharma在文献[34]中综合考虑了驾驶员感知优化流差效应和驾驶员的预估效应，研究驾驶员对优化流差的预估效应对交通流产生的影响。考虑优化流差预估效应后，双车道交通流流体力学格子模型的运动方程为：

$$\partial_t \left(\rho_j(t) v_j(t) \right) = a\rho_0 V\left(\rho_{j+1}(t+\alpha\tau) \right) - a\rho_j(t)v_j(t) + a\lambda \Delta F_{j+1}(t+\alpha\tau)$$

（5.12）

其中，$\Delta F_{j+1}(t+\alpha\tau) = [\rho_0 V(\rho_{j+2}(t+\alpha\tau)) - \rho_0 V(\rho_{j+1}(t+\alpha\tau))]$，表示预估的 $j+2$ 格点和 $j+1$ 格点的优化交通流差，相应的预估系数为 α，λ 表示优化流差的反应系数。

（1）当 $\alpha > 0$ 时，代表了不同的驾驶员的预估驾驶行为或驾驶员预估效应，驾驶员在 t 时刻提前预估 τ 时刻后的最优速度，在 $t+\alpha\tau$ 时刻调整驾驶速度至最优速度。因此，α 越大，代表驾驶员驾驶经验越丰富。

（2）当 $\alpha < 0$ 时，代表了驾驶员的感知优化流差的反应时延。驾驶员对感知优化流差的感知时延效应在文献[45]和文献[46]中均已探讨。

（3）当 $\alpha = 0$ 时，运动方程退化为式（5.9）所示的方程。

2015 年，Peng 又进一步扩展了式（5.9）所示的双车道流体力学格子模型的运动方程[131]，他将超车现象和预估行为考虑进去，运动方程可以扩展为：

$$\partial_t(\rho_j v_j) = a(\rho_0 V(\rho_{j+1}(t+\alpha\tau)) - \rho_j v_j) + \\ a\lambda(\rho_0 V(\rho_{j+1}(t+\alpha\tau)) - \rho_0 V(\rho_{j+2}(t+\alpha\tau)))$$

（5.13）

随后，Peng 又提出考虑前方多倍优化流差的信息作用，将多倍优化流差作为控制项，提出了一种新的双车道交通流流体力学格子模型

第5章 考虑多倍优化流差预估效应的双车道流体力学格子模型

[32]，其运动方程为：

$$\partial_t(\rho_j v_j) = a[\rho_0 V(\rho_{j+1}) - \rho_j v_j] + \lambda\left[\sum_{l=1}^{m}\alpha_l(\rho_0 V(\rho_{j+l+1}) - \rho_0 V(\rho_{j+l}))\right]$$

（5.14）

2016年，Sharma[132]综合考虑前方流量信息与超车行为，提出了一种考虑驾驶员超车特性的双车道流体力学格子模型，其运动方程为：

$$\partial_t\left(\rho_j(t)v_j(t)\right) = a\rho_0\left(pV(\rho_{j+1}(t+\alpha\tau)) + (1-p)V(\rho_{j+1}(t-\alpha\tau))\right) - a\rho_j(t)v_j(t) + a\gamma\rho_0\left(V(\rho_{j+1}(t+\alpha\tau)) - V(\rho_{j+2}(t+\alpha\tau))\right)$$

（5.15）

其中，α 表示预估系数，p 表示驾驶员对前方交通信息的反应强度系数，γ 表示超车系数。

5.3 考虑多倍优化流差预估效应的双车道流体力学格子模型

基于前面所述的研究基础，本节考虑驾驶员对前方多倍优化流差的预估效应，提出一种考虑多倍优化流差预估效应的双车道流体力学格子模型，研究多倍优化流差预估效应对双车道交通流稳定性的影响。

5.3.1 双车道流体力学格子模型的提出

事实上，驾驶员的驾驶行为不只是依赖前方一个格点的交通状况的估计，还要考虑前方多个格点的交通状况的统计。基于 Nagatani 的双车道流体力学格子模型，提出一种考虑当前格点与前面多个格点的优化流差的效应和驾驶员的预估效应的双车道流体力学格子模型（Double-lane MOCDA Model，简称 DMOCDA 模型）。图 5.2 为信息交换环境下的双车道格子交通系统示意图。对图 5.2 所示的交通系统，我们提出以下假设：①任意一个格点都能够根据优化函数来自适应调节它的流量变化；②任意一个格点都能够接收前方格点的流量和密度信息；③计算当前车道当前格点 j 的流量时还需要考虑换道流量，即从车道 2 的格点 $j-1$ 换道到当前格点 j 的换道流量以及从当前格点 j 换道到车道 2 的格点 $j+1$ 的换道流量，流量的调节以一定时间为间隔。

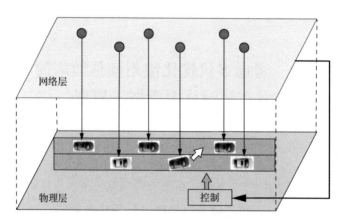

图 5.2 信息交换环境下的双车道格子交通系统示意图

第 5 章 考虑多倍优化流差预估效应的双车道流体力学格子模型

考虑多倍优化流差预估效应的双车道流体力学格子模型框架如图 5.3 所示，具体描述如下。

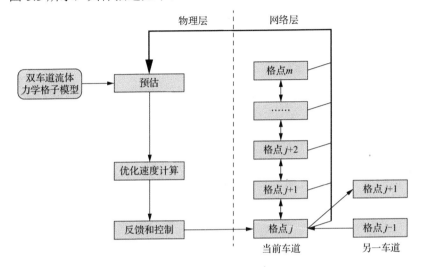

图 5.3 考虑多倍优化流差预估效应的双车道流体力学格子模型框架

（1）在 k 时刻，当前格点接收前方其他格点的密度和流量相关信息，这些信息可以通过 ITS 中的信息交换技术（如传感器）进行传输。

（2）当前格点接收到前方密度和流量信息后，有 τ_1（设 $\tau_1 = \alpha\tau$）时间的反应时延。

（3）利用获得的前方格点的流量，根据优化速度函数，得到前方格点的优化流差信息，根据流体力学格子模型方程来反馈计算当前格点 τ 时刻后的密度和流量信息，达到控制当前格点流量的目的。

（4）在下一个时间间隔，如 $k+1$ 时刻，重复上述过程。

基于以上分析，我们可以构建的考虑双车道多倍优化流差预估效应的守恒方程和运动方程分别为：

$$\partial_t \rho_j(t) + \rho_0(\rho_j v_j - \rho_{j-1} v_{j-1}) = \gamma |\rho_0^2 V'(\rho_0)|(\rho_{j+1} - 2\rho_j + \rho_{j-1}) \quad (5.16)$$

$$\rho_j(t+\tau) v_j(t+\tau) = \rho_0 V(\rho_{j+1}(t+\alpha\tau)) + \lambda \sum_{l=1}^{m} \beta_l [\rho_0 V(\rho_{j+1+l}(t+\alpha\tau)) - \rho_0 V(\rho_{j+l}(t+\alpha\tau))]$$

(5.17)

其中，ρ_0、α 和 λ 分别为平均密度、敏感系数和反应系数。m 表示考虑前方多个格点信息的格点个数。当 $m=1$ 时，退化为 Sharma 模型[34]；当 $\alpha=0$，$m=1$ 时，退化为 Peng 模型[31]。β_l 是考虑第 l 个格点的优化流差预估效应的权重。$\beta_l (l=1,2,\ldots,m)$ 具有如下性质。

（1）$\beta_l (l=1,2,\ldots,m)$ 是个减函数，也就是说 $\beta_l < \beta_{l-1}$，表示距离当前车越近的格点，影响因子才会越大。特别是最近邻车，将会直接影响当前车的行驶状态是加速、减速还是匀速。当 $m=1$ 时，模型退化为只考虑最近邻格点的模型。

（2）$\sum_{l=1}^{m} \beta_l = 1$，即所有格点的预估权重系数之和为1。当 $m=1$ 时，即 $\beta_1 = 1$。

本书中我们考虑 $m>1$，β_l 的选取如下。

$$\beta_l = \begin{cases} \dfrac{p-1}{p^l}, l \neq m \\ \dfrac{1}{p^{l-1}}, l = m \end{cases} \quad (5.18)$$

其中，$p=2,3,4\ldots$。取 $p=3$，$m=4$，就有 $\beta_1 = 2/3$，$\beta_2 = 2/9$，$\beta_3 = 2/27$，$\beta_4 = 1/27$。

$V(\rho)$ 表示优化速度函数,继续采用如下形式。

$$V(\rho) = (v_{\max}/2)(\tanh(1/\rho - h_c) + \tanh(h_c)) \tag{5.19}$$

其中,h_c 和 $v_{\max}$ 分别表示确保不发生追尾事故的安全距离和车辆行驶的最大速度。消去式(5.15)和式(5.16)的速度 v_j,得到模型关于交通密度的演化方程为:

$$\begin{aligned}
&\rho_j(t+2\tau) - \rho_j(t+\tau) + \tau\rho_0^2\left(V(\rho_{j+1}) - V(\rho_j)\right) + \\
&\alpha\tau\rho_0^2\left(V'(\rho_{j+1})\tilde{\Delta}\rho_{j+1} - V'(\rho_j)\tilde{\Delta}\rho_j\right) + \\
&\lambda\tau\rho_0\sum_{l=1}^{m}\beta_l(\Delta F_{j+l} - \Delta F_{j+l-1}) + \\
&\lambda\alpha\tau\rho_0^2\sum_{l=1}^{m}\beta_l\left(V'(\rho_{j+l+1})\tilde{\Delta}\rho_{j+l+1} - \right. \\
&\left. 2V'(\rho_{j+l})\tilde{\Delta}\rho_{j+l} + V'(\rho_{j+l-1})\tilde{\Delta}\rho_{j+l-1}\right) - \\
&\tau\gamma\left|\rho_0^2 V'(\rho_0)\right|(\rho_{j+1}(t+\tau) - 2\rho_j(t+\tau) + \rho_{j-1}(t+\tau)) = 0
\end{aligned} \tag{5.20}$$

其中,$\tilde{\Delta}\rho_{j+l} = \rho_{j+l}(t+\tau) - \rho_{j+l}(t)$。

5.3.2 稳定性分析

为了研究多倍优化流差预估效应对交通流模型稳定性的影响,我们应用线性稳定性理论,对 DMOCDA 模型进行线性稳定性分析。

首先假设初始交通流状态为匀质交通流,密度为常数 ρ_0,最优速度为 $V(\rho_0)$,则稳定状态的解为:

$$\rho_j(t) = \rho_0, \quad v_j(t) = V(\rho_0) \tag{5.21}$$

假设 $y_j(t)$ 是格点 j 处偏离定态解的一个小扰动。

$$\rho_j(t) = \rho_0 + y_j(t) \tag{5.22}$$

将式（5.21）和式（5.22）代入方程（5.20），将方程线性化，可得：

$$\begin{aligned}
& y_j(t+2\tau) - y_j(t+\tau) + \tau\rho_0^2 V'(\rho_0)\Delta y_j(t) + \alpha\tau\rho_0^2 V'(\rho_0)(\tilde{\Delta} y_{j+1} - \tilde{\Delta} y_j) + \\
& \lambda\tau\rho_0^2 V'(\rho_0)\sum_{l=1}^{m}\beta_l(\Delta y_{j+l}(t) - \Delta y_{j+l-1}(t)) + \lambda\alpha\tau\rho_0^2 V'(\rho_0)\sum_{l=1}^{m}\beta_l(\tilde{\Delta} y_{j+l+1} - \\
& 2\tilde{\Delta} y_{j+l} + \tilde{\Delta} y_{j+l-1}) - \gamma\left|\rho_0^2 V'(\rho_0)\right|(y_{j+1}(t+\tau) - 2y_j(t+\tau) + y_{j-1}(t+\tau)) = 0
\end{aligned}$$

$$\tag{5.23}$$

其中，$\Delta y_{j+l} = y_{j+l+1} - y_{j+l}$，$V'(\rho_0) = \mathrm{d}V(\rho)/\mathrm{d}\rho\big|_{\rho=\rho_0}$。

将 y_j 展开成傅里叶级数形式：$y_j = A\exp(ikj + zt)$，代入式（5.23）并进行傅里叶级数展开，得到：

$$\begin{aligned}
& \mathrm{e}^{2z\tau} - \mathrm{e}^{z\tau} + \tau\rho_0^2 V'(\rho_0)(\mathrm{e}^{ik} - 1) + \alpha\tau\rho_0^2 V'(\rho_0)(\mathrm{e}^{\tau z} - 1)(\mathrm{e}^{ik} - 1) + \\
& \lambda\tau\rho_0^2 V'(\rho_0)\sum_{l=1}^{m}\beta_l \mathrm{e}^{ikl}(\mathrm{e}^{2ik} - \mathrm{e}^{ik} + 1) + \\
& \lambda\alpha\tau\rho_0^2 V'(\rho_0)\sum_{l=1}^{m}\beta_l(\mathrm{e}^{\tau z} - 1)(\mathrm{e}^{2ik} - \mathrm{e}^{ik} + 1) - \\
& \tau\gamma\left|\rho_0^2 V'(\rho_0)\right|\mathrm{e}^{z\tau}(\mathrm{e}^{ik} - 2 + \mathrm{e}^{-ik}) = 0
\end{aligned}$$

$$\tag{5.24}$$

将 z 做级数展开，有 $z = z_1(ik) + z_2(ik)^2 + \ldots$，并代入方程（5.23），忽略高阶项，得到关于 z 的一阶项和二阶项分别为：

$$z_1 = -\rho_0^2 V'(\rho_0) \tag{5.25}$$

第 5 章　考虑多倍优化流差预估效应的双车道流体力学格子模型

$$z_2 = -\left(\frac{1+2\lambda\sum_{l=1}^{m}\beta_l+2\gamma}{2} + \frac{(3-2\alpha)\rho_0^2 V'(\rho_0)\tau}{2}\right)\rho_0^2 V'(\rho_0) \quad (5.26)$$

当 $z_2<0$ 时，稳态交通流会变得波动；反之，当 $z_2>0$ 时，稳态交通流将稳定。于是，得到该模型对应的中性稳定曲线方程为：

$$\tau = -\frac{1+2(\lambda\sum_{l=1}^{m}\beta_l+\gamma)}{(3-2\alpha)\rho_0^2 V'(\rho_0)} \quad (5.27)$$

均匀交通流不稳定的条件为：

$$\tau > -\frac{1+2(\lambda\sum_{l=1}^{m}\beta_l+\gamma)}{(3-2\alpha)\rho_0^2 V'(\rho_0)} \quad (5.28)$$

当 $\alpha=0$，且 $m=1$ 时，就是 Peng 模型的不稳定条件[31]。

基于上述线性稳定性分析，可以得到如下引理。

引理：如果线性稳定条件 $\left[a > -(3-2\alpha)\rho_0^2 V'(\rho_0)\Big/1+2(\lambda\sum_{l=1}^{m}\beta_l+\gamma)\right]$ 满足，DMOCDA 模型中双车道交通拥堵的流量波动不会被放大，道路的交通流逐渐趋于稳定状态。式（5.27）表明，换道参数 γ、预估系数 α、反应系数 λ 以及考虑前方格点的个数 m 都是影响交通流的稳定性的参数。图 5.4 在密度-敏感系数 (ρ,a) 空间中给出了 $\alpha=0.3$ 时，m 取不同值时对应的共存曲线和中性稳定曲线，其中 $\gamma=0.1$，$h_c=4$，$\lambda=0.1$，$\beta=3$。图 5.4 中的实线表示 $m=1,2,3,4$ 时分别对应的中性稳定曲线。中性稳定曲线顶点表示临界点 (ρ_c,a_c)。从图 5.4 中可以看到空间被分成了三个区域：稳定区域、亚稳定区域和不稳定区域。从

图 5.4 中可以看出，考虑前方更多格点中驾驶员的预估效应，相当于掌握前方更多车辆的综合信息。结果表明多倍驾驶员预估效应能够降低中性稳定曲线，使稳定区域扩大。临界点 (ρ_c, a_c) 和中性稳定曲线在图 5.4 中的位置随着 m 的增大而下降，即初始时均匀分布的交通流在小扰动的影响下，稳定性随着 m 的增大而增强，交通拥堵得到有效缓解。当 $m=3,4$ 时，对应的曲线几乎重合，这意味着三倍驾驶员预估效应（$m=3$）就足以使小扰动下的交通流变得稳定。因此，$m=3$ 时的三倍驾驶员预估效应是该模型的优化预估状态。事实上，m 的选取与加权函数密切相关，不同的选取方案，得到的结果会有细微差别。我们在实际应用时可以根据道路安全时距和安全间距的不同来选取不同的加权函数，从而确定优化状态下 m 的取值。

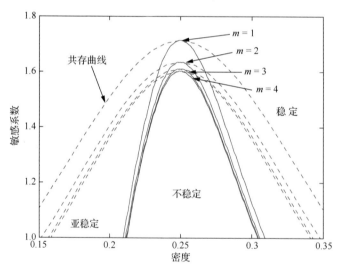

图5.4　$\alpha=0.3$，m 分别取 $1,2,3,4$ 时，密度-敏感系数 (ρ,a) 空间的共存曲线和中性稳定曲线

下面我们再考察驾驶员对三倍优化流差的预估效应对交通流稳定性的影响。图 5.5 给出了密度-敏感系数 (ρ,a) 空间中 $m=3$ 时，α

第5章 考虑多倍优化流差预估效应的双车道流体力学格子模型

取不同值时的共存曲线和中性稳定曲线,其中 $\gamma=0.1$, $h_c=4$, $\lambda=0.1$, $\beta=3$。图 5.5 中的实线表示 $\alpha=0.3, 0.4, 0.5$ 时分别对应的中性稳定曲线。临界点 (ρ_c, a_c) 和中性稳定曲线在图 5.5 中的位置随着 α 的增大而下降。从图 5.5 中可以看出,驾驶员对多倍优化流差的预估效应能够进一步降低中性稳定曲线,使稳定区域扩大。

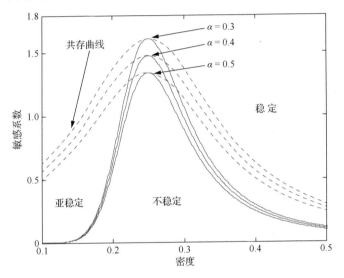

图 5.5　$m=3$,　$\alpha=0.3, 0.4, 0.5$ 时,密度-敏感系数 (ρ, a) 空间的共存曲线和中性稳定曲线

5.3.3 非线性分析与 mKdV 方程

接下来,我们用约化摄动法来分析该模型,首先在临界点 (ρ_c, a_c) 附近考虑方程的形态,通过非线性分析我们可以得到描述扭结-反扭结孤立波的 mKdV 方程。通过提取时间变量和空间变量的慢尺度,引进慢变量 X、T,可以分析临界点 (ρ_c, a_c) 附近时间变量和空间变量的

慢变量行为。

$$X = \varepsilon(j+bt), T = \varepsilon^3 t, \quad 0 < \varepsilon \ll 1 \quad (5.29)$$

$$\rho_j = \rho_c + \varepsilon R(X,T) \quad (5.30)$$

其中，b 是待定常数。根据式（5.29）和式（5.30），将方程（5.20）作泰勒展开至 ε^5，得到

$$\begin{aligned}&\varepsilon^2 k_1 \partial_X R + \varepsilon^3 k_2 \partial_X^2 R + \varepsilon^4 (\partial_T R + k_3 \partial_X^3 R + k_4 \partial_X R^3) + \\ &\varepsilon^5 (k_5 \partial_T \partial_X R + k_6 \partial_X^4 R + k_7 \partial_X^2 R^3) = 0\end{aligned} \quad (5.31)$$

系数 $k_i (i=1,2,\ldots,7)$ 的取值如表 5.1 所示，且 $V' = (\mathrm{d}V(\rho)/\mathrm{d}\rho)|\rho = \rho_c$，$V''' = (\mathrm{d}^3 V(\rho)/\mathrm{d}\rho^3)|\rho = \rho_c$。在临界点 (ρ_c, a_c) 附近有 $\tau/\tau_c = 1 + \varepsilon^2$，令 $b = -\rho_c^2 V'$，从式（5.31）中消去 ε 的二次项和三次项，展开化简可得：

$$\varepsilon^4 (\partial_T R - g_1 \partial_X^3 R + g_2 \partial_X R^3) + \varepsilon^5 (g_3 \partial_X^2 R + g_4 \partial_X^4 R + g_5 \partial_X^2 R^3) = 0 \quad (5.32)$$

系数 $g_i (i=1,2,\ldots,5)$ 如表 5.2 所示。

求出传播速度的解析解为：

$$c = 5g_2 g_3 / (2g_2 g_4 - 3g_1 g_5) \quad (5.33)$$

因此扭结-反扭结孤立波解为：

$$\rho_j(t) = \rho_c + \sqrt{\frac{g_1 c}{g_2}(\frac{\tau}{\tau_c}-1)} \tanh \sqrt{\frac{c}{2}(\frac{\tau}{\tau_c}-1)} \left\{ j + \left[1 - cg_1(\frac{\tau}{\tau_c}-1)\right] t \right\} \quad (5.34)$$

解的幅度为：

$$A = \sqrt{\frac{g_1 c}{g_2}(\frac{\tau}{\tau_c}-1)} \quad (5.35)$$

表 5.1 模型中 k_i 的取值

k_1	k_2	k_3	k_4
$b+\rho_c^2 V'$	$\dfrac{3b^2\tau}{2}+\dfrac{1+2b\alpha\tau+2(\lambda\sum_{l=1}^{m}\beta_l+\gamma)}{2}\rho_c^2 V'$	$\dfrac{7b^3\tau^2+(1+3\alpha b\tau(1+b\tau)+6\lambda\sum_{l=1}^{m}\beta_l+6\alpha b\tau\lambda)\rho_c^2 V'}{6}+\gamma b\rho_c^2 V'\tau$	$\dfrac{\rho_c^2 V'''}{6}$

k_5	k_6	k_7
$3b\tau+\alpha\tau\rho_c^2 V'$	$\dfrac{(1+14\lambda\sum_{l=1}^{m}\beta_l+4\alpha(b\tau+3b^2\tau^2/2+b^3\tau^3)+12\alpha\lambda(b^3\tau^3+2b\tau))\rho_c^2 V'}{24}+\dfrac{5b^4\tau^3}{8}+\dfrac{\gamma\rho_c^2 V'}{12}+\dfrac{\gamma\rho_c^2 V''(b\tau)^2}{2}$	$\dfrac{1}{12}\rho_c^2 V'''(2\lambda\sum_{l=1}^{m}\beta_l-1)$

表 5.2 模型中 g_i 的取值

g_1	g_2	g_3	g_4	g_5
$\dfrac{7b^3\tau_c^2}{6}+\dfrac{b(1+3\alpha b\tau_c(1+b\tau_c))}{6}+\dfrac{b(6\lambda\sum_{l=1}^{m}\beta_l l+6\alpha b\tau_c\lambda)}{6}-\gamma b\rho_c^2 V'\tau_c$	$\dfrac{\rho_c^2 V'''}{6}$	$\dfrac{3}{2}b^2\tau_c+b\alpha\tau_c\rho_c^2 V'$	$(3b+\alpha\rho_c^2 V')\tau_c g_1+\dfrac{5b^4\tau_c^3}{8}+\dfrac{\rho_c^2 V'}{6}$ $[\dfrac{1}{4}+\dfrac{7}{2}\lambda\sum_{l=1}^{m}\beta_l l+3\alpha\lambda(b^2\tau_c^2+2b\tau_c)]+$ $\alpha(b\tau_c+\dfrac{3b^2\tau_c^2}{2}+b^3\tau_c^3)]+$ $\dfrac{\gamma\rho_c^2 V'}{12}(1+6(b\tau_c)^2)$	$\dfrac{1}{12}\rho_c^2 V'''(2\lambda\sum_{l=1}^{m}\beta_l-1)$

由自由流相密度 $\rho_j = \rho_c - A$ 和阻塞流相密度 $\rho_j = \rho_c + A$ 组成的曲线称为共存曲线（见图 5.4 和图 5.5 中虚线）。从图 5.4 中可以看出，中性稳定曲线和共存曲线会随着考虑前方格点预估效应的格子数量的增加而降低，系统的稳定区域随之增大。从图 5.5 中可以看出，中性稳定曲线和共存曲线会随着预估系数 α 的增大而降低，系统的稳定区域随之增大，从而使得初始状态为均匀流的交通流在小扰动的作用下失稳的可能性降低。

5.3.4 非线性密度波全局仿真

为了进一步验证前面线性稳定性分析和非线性分析的理论分析结果，我们对式（5.20）描述的密度演化方程进行数值仿真。仿真过程中采用周期边界条件，初始条件设置为：

$$\begin{cases} \rho_j(1) = \rho_j(0) = \rho_0, & j \neq 50, 51 \\ \rho_j(1) = \rho_j(0) = \rho_0 - \sigma, & j = 50 \\ \rho_j(1) = \rho_j(0) = \rho_0 + \sigma, & j = 51 \end{cases} \quad (5.36)$$

格子总数为 $M = 100$，其他初始条件为 $\sigma = 0.1$，$\tau = 1/a$，$\lambda = 0.1$，$\rho_c = \rho_0 = 0.25$，$\beta = 3$。

图 5.6 给出了在没有换道情况下（$\gamma = 0$），当 $a = 1.65$，$\alpha = 0.3$ 时，经过 $t = 10000s$ 后的密度波的时空演化图，图 5.6（a）、图 5.6（b）、图 5.6（c）、图 5.6（d）分别对应 $m = 1, 2, 3, 4$。图 5.6 中的 4 种交通流模式均为不稳定交通流，这是因为根据本章提出的考虑多倍优化流

差预估效应的双车道流体力学格子模型的线性稳定条件[式（5.28）]可知，本仿真给出的参数不满足线性稳定条件。因此，仿真结果与线性理论分析结果一致。在道路交通管理领域，车辆间的前后相互作用对通行能力具有显著影响。通过精确采集下游交通流量数据，可以对下游交通流进行优化预估，并将这些信息反馈至交通系统的上游部分，进而调整上游及未来车辆的行驶状态，以增强交通流的稳定性。此外，车道间车辆的相互作用也对通行能力产生影响，车辆倾向于从高密度车道变换至低密度车道，以寻求更为顺畅的行驶环境。

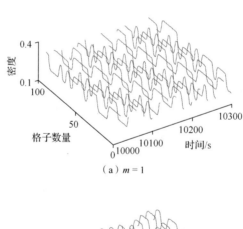

（a）$m = 1$

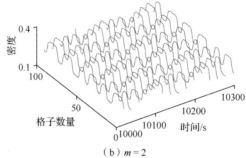

（b）$m = 2$

第5章 考虑多倍优化流差预估效应的双车道流体力学格子模型

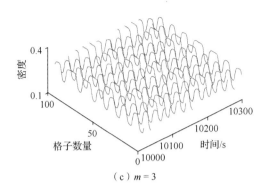

（c）$m = 3$

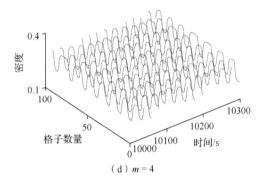

（d）$m = 4$

图5.6　$\gamma = 0$，$a = 1.65$，$\alpha = 0.3$，$\lambda = 0.1$，m分别取1, 2, 3, 4时，$t = 10000s$后的密度波的时空演化图

图5.7给出了时间$t = 10300s$时，没有换道，仿真条件与图5.6的仿真条件相同的情况下，m分别取不同值时系统的密度分布图。从图5.7中，我们可以清晰地发现，4种交通流均为不稳定状态，波动幅度较大且均围绕初始密度上下波动。第三种和第四种模式波动幅度较小。

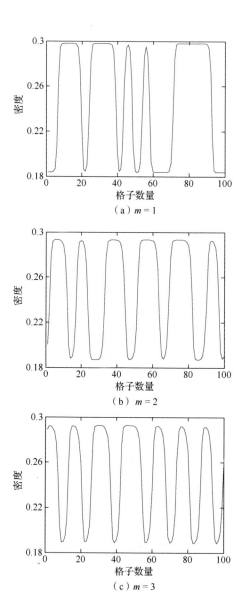

(a) $m = 1$

(b) $m = 2$

(c) $m = 3$

第5章 考虑多倍优化流差预估效应的双车道流体力学格子模型

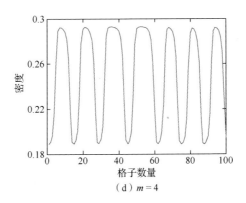

(d) $m=4$

图 5.7 $\gamma=0$，$a=1.65$，$\alpha=0.3$，$\lambda=0.1$，m 分别取 1，2，3，4 时，与图 5.6 对应的在 $t=10300\text{s}$ 时，没有换道条件下的密度分布图

根据解析的线性稳定条件［式（5.28）］可知，系统中的车辆如果以一定的换道率换道，可以提高交通流的稳定性。接下来，将通过数值仿真展示换道对交通流稳定性的影响。除了换道率由 $\gamma=0$ 变为 $\gamma=0.1$，图 5.8 中的仿真参数与图 5.6 中的仿真参数一致。在图 5.8 中可以看出，$m=1,2$ 时，交通流模式为不稳定交通流，在不稳定区域会出现扭结-反扭结孤立波，且向上游传播。$m=1,2$ 时，得到的敏感系数仍不满足线性稳定条件，交通流在加入扰动后失稳。说明在有换道的情况下，m 较小时不足以使交通流达到相对稳定状态。而当 $m=3$ 时，密度波波动的幅度迅速下降，最终恢复到初始的均匀稳定状态。当 $m=4$ 时扰动波的幅度与 $m=3$ 时对应的幅度没有明显差别。

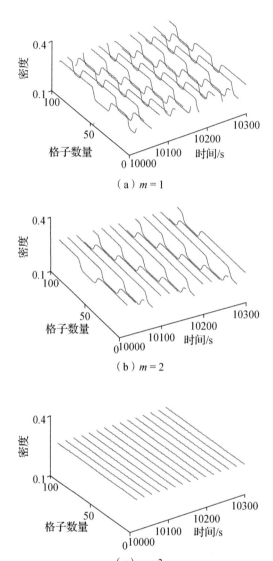

(a) $m = 1$

(b) $m = 2$

(c) $m = 3$

第 5 章　考虑多倍优化流差预估效应的双车道流体力学格子模型

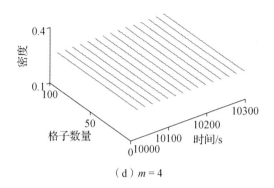

(d) $m=4$

图 5.8　$\gamma=0.1$，m 分别取 1, 2, 3, 4 时，$t=10000$s 后的密度波的时空演化图

图 5.9 是与图 5.8 相对应的 $t=10300$s 时的密度分布图。图 5.9(a)、图 5.9(b)、图 5.9(c)、图 5.9(d) 分别对应 $m=1, 2, 3, 4$。根据式(5.28)判断，图 5.9(a)、图 5.9(b) 不满足线性稳定条件，图 5.9(c)、图 5.9(d) 满足线性稳定条件。从图 5.9 中可以发现，随着 m 的增大，密度波的幅值逐渐减小。当 m 增加到 3 时，交通流恢复到扰动前的均匀状态。图 5.9 说明不仅多倍优化流差预估效应能够提高交通流的稳定性，而且换道能进一步稳定交通流。如果道路中存在慢车（移动瓶颈），虽然适当地换道能够改善交通条件，从而提高交通流量，但并不意味着换道率越大对交通越有利，换道率应该是关于密度的一个有界函数。

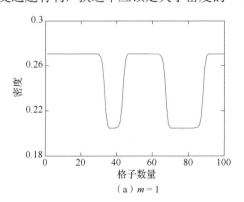

(a) $m=1$

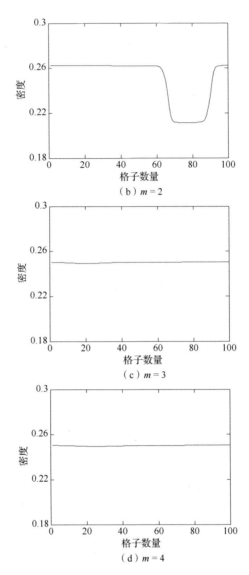

图 5.9 $\gamma=0.1$,m 分别取 1, 2, 3, 4 时,$t=10300s$ 时的密度分布图

从上面的研究中可以发现,系统中如果考虑前方多个格点的优化流差,则能够提高交通流的稳定性;系统中的车辆如果以一定的换道

第5章 考虑多倍优化流差预估效应的双车道流体力学格子模型

率换道，也可以提高交通流的稳定性。接下来，将通过数值仿真探讨驾驶员对前方多倍优化流差的预估效应对交通流稳定性的影响。假定 $\gamma=0.1$，$a=1.32$，$m=3$，其他初始条件保持不变，现在我们研究当预估系数取不同值时，交通流在扰动下随时间的演化情况。图5.10分别描述了 $\alpha=0.3,0.4,0.5,0.6$ 时［分别对应图5.10（a）、图5.10（b）、图5.10（c）、图5.10（d）］，在 $t=10000$s 后的密度波的时空演化图。根据线性稳定条件［式（5.28）］，我们给定的敏感系数 $a=1.32$ 小于临界敏感系数，交通流在加入扰动后将失稳，这说明预估系数较小时不足以使交通流达到相对稳定状态。而当 $\alpha=0.6$ 时，密度波波动的幅度迅速下降，交通流最终恢复到初始的均匀稳定状态。

图5.11是与图5.10相对应的 $t=10300$s 时的密度分布图。从图5.11中可以看出，随着预估系数 α 的增大，密度波的幅度明显减小。当预估系数 α 增加到0.6时，计算可知此时系统满足线性稳定条件，交通流恢复到扰动前的均匀状态。这也验证了在现实交通中，驾驶经验越丰富的驾驶员更有助于帮助消除交通阻塞的事实。由上述分析可知，数值仿真结果与理论分析一致，验证了驾驶员多倍优化流差预估效应能有效地提高交通流的稳定性。

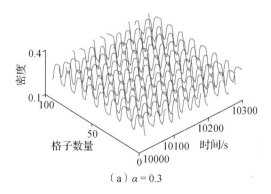

(a) $\alpha=0.3$

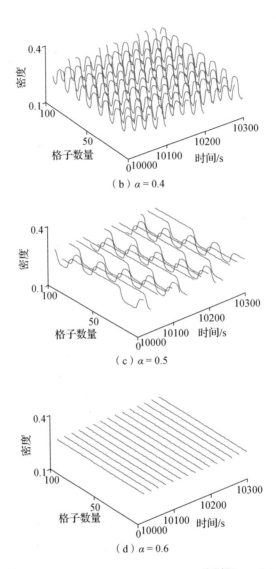

图 5.10 $\gamma=0.1$, $a=1.32$, $m=3$, $\lambda=0.1$, α 分别取 0.3, 0.4, 0.5, 0.6 时，$t=10000s$ 后的密度波的时空演化图

第5章 考虑多倍优化流差预估效应的双车道流体力学格子模型

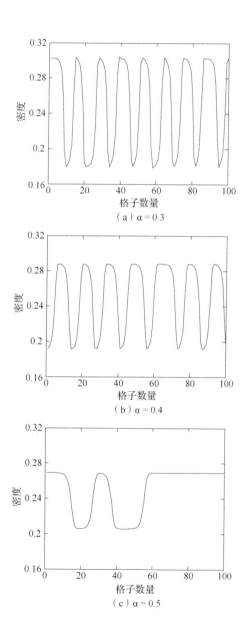

(a) α = 0.3

(b) α = 0.4

(c) α = 0.5

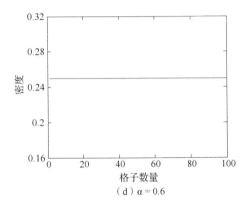

(d) $\alpha=0.6$

图 5.11 $\gamma=0.1$，$a=1.32$，$m=3$，$\lambda=0.1$，α 分别取 0.3, 0.4, 0.5, 0.6 时，$t=10300s$ 时的密度分布图

5.3.5 车流密度变化局部仿真

在周期性边界条件下，对一条由 140 个离散的格子单元组成的环路，跟踪第 2、25、55、80 个格子中车流密度随时间的变化。相关参数为敏感系数 $a=1.56$，预估系数 $\alpha=0.3$，无量纲系数 $\gamma=0.1$。并且假设从第 50 到第 55 个格子的初始密度为 0.5，从第 56 到第 60 个格子的初始密度为 0.2，其余格子的初始密度为 0.25。分别取多倍优化流差预估效应相关参数为（a）$\lambda=0$，（b）$\lambda=0.1, m=1$，（c）$\lambda=0.1, m=2$，在 1~300s 短期时间内进行数值模拟，得到如图 5.12 所示的密度-时间关系图。当 $\lambda=0$ 时，系统处于不稳定区域，初始扰动导致扭结-反扭结孤立波的产生，在临界密度处产生震荡。从图 5.12 中可以明显看出，在第 2、25、55 个格子中加入初始扰动后，随着 m 取值的增大，曲线波动明显减小。

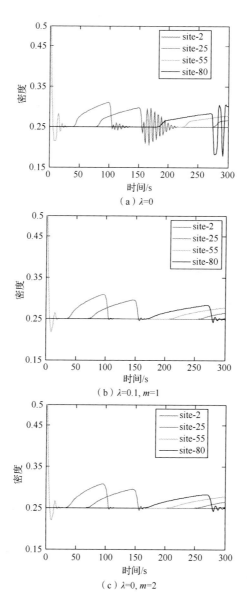

图 5.12　取不同参数下的 4 个格子在 1～300s 短期时间内的密度-时间关系图

为了进一步跟踪 DMOCDA 模型中多倍优化流差信号的控制效果，在时间为 1～500s 时，分别绘制第 2、25、55、80 个格点 1s 时间间隔前后的车流密度差 $\rho_j(t)-\rho_j(t-1)$ 随车流密度 $\rho_j(t)$ 变化的结果图，如图5.13～图5.16所示。从图5.13（a）～图5.16（a）中可以看出，当反应系数 λ 为0时，不考虑前方格点优化流差预估效应，4个格点处的车流密度波动极大，反映了交通流运动状态非常不稳定。而从图5.13（b）～图5.16（b）中可以看出，当反应系数 λ 为0.1时，考虑前方格点优化流差预估效应时，交通滞后区域明显减小，表明前后时间车流密度的变化范围较小，4个格点对应的纵向车流密度差 $\rho_j(t)-\rho_j(t-1)$ 近似在0的附近变化，交通滞后区域明显缩小，交通流趋于稳定。

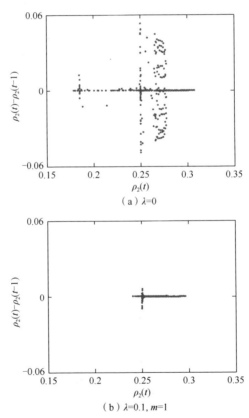

图5.13 $t=1$～500s时第2个格子车流密度差随其密度变化的结果

第 5 章 考虑多倍优化流差预估效应的双车道流体力学格子模型

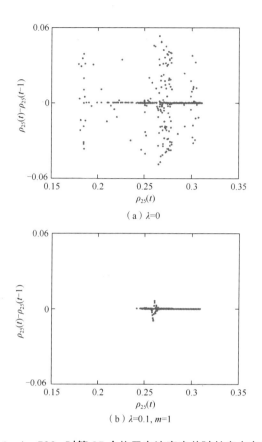

图 5.14 $t = 1 \sim 500\text{s}$ 时第 25 个格子车流密度差随其密度变化的结果

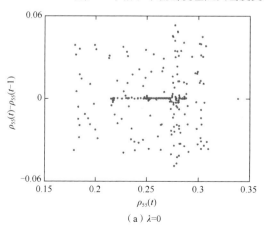

（a）$\lambda=0$

137

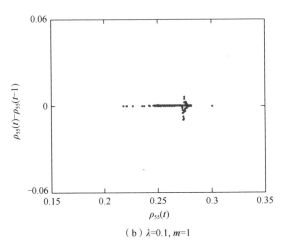

(b) $\lambda=0.1, m=1$

图 5.15　t = 1～500s 时第 55 个格子车流密度差随其密度变化的结果

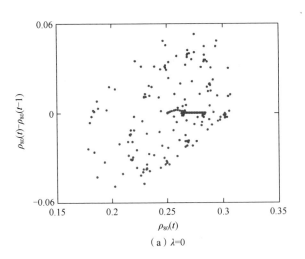

(a) $\lambda=0$

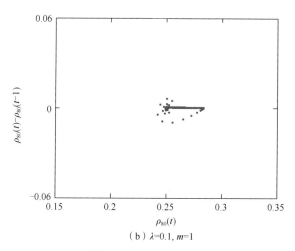

(b) $\lambda=0.1, m=1$

图 5.16 $t = 1 \sim 500\text{s}$ 时第 80 个格子车流密度差随其密度变化的结果

下面在 10000～10300s 时间内进行数值模拟,得到如图 5.17 所示的密度-时间关系图。当 $\lambda=0$ 时,系统处于不稳定区域,初始扰动导致扭结-反扭结孤立波的产生,在临界密度处产生震荡。从图 5.17 中可以明显看出,在第 2、25、55、80 个格子中加入初始扰动后,随着 m 取值的增大,曲线波动明显减小。

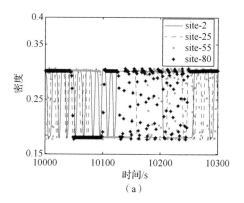

(a)

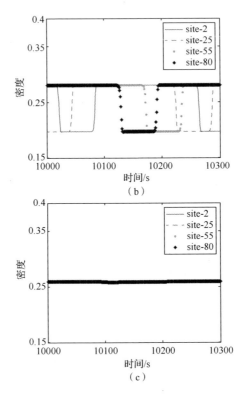

图 5.17 取不同参数下的 4 个格子在 10000~10300s 内的密度-时间关系图

5.4 本章小结

虽然四种模式均为不稳定模式,但随着 m 的增大,密度波处于高密度波动的周期有所减小。当 m 增加到 4 时扰动波的幅度与 m 等于 3 时对应的幅度没有明显差别。这说明系统即使处于不稳定状态,考虑多倍优化流差预估效应仍可改善交通流的稳定性,有助于缓解交通阻塞。

第5章 考虑多倍优化流差预估效应的双车道流体力学格子模型

基于 ITS 的应用，本章主要是考虑多倍优化流差预估效应和换道作用对双车道车流的影响，构建了一种考虑多倍优化流差预估效应的双车道流体力学格子模型，简称 DMOCDA 模型。通过线性稳定性理论分析的解析结果，得到交通中的换道行为、驾驶员感知多倍优化流差效应及驾驶员的预估效应均会影响交通流的演化。接着通过非线性分析，得到 mKdV 方程及其解，描述交通密度的演化方程，结果表明考虑多倍优化流差的预估效应能够使密度-敏感系数空间的稳定区域增加，系统更易达到稳定状态。最后分析了多倍优化流差预估效应的最优范围问题，得到了系统的既不浪费资源又有效抑制拥堵的优化状态。

第 6 章

结论与展望

6.1 主要结论与创新点

宏观交通流模型侧重于交通流的集体行为描述，且宏观交通流模型方程参数较少，计算速度快，适用于做大规模短时交通流预测。本书在分析和评述各种现有交通流模型的基础上，深入研究流体力学格子模型，考虑下游交通状态、驾驶员预估效应和反应异质性对上游交通流当前及未来的交通状态的影响，提出了更加适应我国城市交通未来发展的新的交通流模型，为智能交通管理系统、车联网系统和自动驾驶系统等的进一步研究和应用提供参考。

本书的主要创新性成果归纳如下。

（1）从宏观层面，针对不同驾驶员对前方信息的判断和预估后反馈出不同的驾驶行为的事实，提出了一种考虑激进驾驶特性的单车道流体力学格子模型，研究了不稳定区域密度波的非线性特征，探索了不同的激进驾驶偏好作用下的交通拥堵宏观传播机制。

通过线性稳定性分析获得临界点 (ρ_c, a_c)、中性稳定曲线和共存曲线，分析了交通流系统的稳定、亚稳定和不稳定的条件。通过约化摄动法进行非线性分析，导出了 mKdV 密度波方程。当 $p=0$ 时，所得结果与经典 Nagatani 模型一致。通过线性稳定性分析和非线性分析的理论分析可知，在其他条件保持不变情况下，在 DALH 模型描述的交通流系统中加入的小扰动会随着 p 的增大而减小进而消失；随着 p 的增大，密度波的幅度逐渐减小，交通可以恢复到扰动前的均匀状态。通过 DALH 模型的构建、合理性和有效性的验证，说明该模型既可以避免驾驶员频繁加减速,缓解宏观交通拥堵,又可以减少能耗及对环境的负面影响,为增强交通流稳定性、减少交通拥堵提供了一个可参考的思路。

(2)未来智能交通发展趋势体现在继承性、预测性、实时性等方面,本书基于 ITS 应用前景,构建了一个考虑多倍优化流差预估效应的单车道流体力学格子模型,简称 SMOCDA 模型。对模型进行线性稳定性分析和密度波数值模拟,从宏观角度考虑前方任意多个格点的优化流差对整个交通流稳定性的影响。

通过分析不同参数下对应的中性稳定曲线和共存曲线,得到 SMOCDA 模型所描述的系统在不同参数下的稳定性分析结果。接着通过 mKdV 方程的求解,得到了导致交通拥堵产生的扭结-反扭结孤立波的解,进行了密度波在不同参数下的时空演化模拟。通过数值模拟和密度波仿真,进一步得到了系统的优化状态,在优化状态下既可以有效抑制拥堵又不会造成资源浪费。

(3)基于以上章节的研究基础,将对下游多倍优化流差的预估效应引入双车道封闭格子系统,建立了一种考虑多倍优化流差预估效应的双车道流体力学格子模型,简称 DMOCDA 模型。进一步研究换道和非换道下的双车道模型的稳定性及其非线性密度波特性。

通过线性稳定性理论分析的结果,得到交通中的换道行为、多倍优化流差效应及预估效应均能够影响交通流的演化。接着通过非线性分析,得到 mKdV 方程及其解,描述交通拥堵密度波的演化方程,结果表明考虑多倍优化流差的预估效应能够使密度-敏感系数相空间的稳定区域增加,系统更易达到稳定状态。进一步通过数值模拟分析了多倍优化流差预估效应的最优范围问题,得到了系统的既不浪费资源又有效抑制拥堵的优化状态。

6.2 研究展望

本书对考虑下游交通状态和驾驶员预估效应的异质性对上游交通流当前及未来的交通状态的影响的宏观交通流模型进行了研究，研究成果尚存在一些不足之处，需要进一步改进和拓展，具体包括以下几点。

（1）可以将本书中提出的单车道的多车扰动模型、双车道模型中前后多车扰动和换道情况下的几种驾驶模型思想推广到多车道模型中，进一步利用智能交通系统研究多车道交通流模型。

（2）将控制论思想融入交通流模型中，进一步研究在 ITS 和 V2X 背景下，在交通信息物理系统融合情况下的反馈控制模式，使得模型更加具有前瞻性。

（3）研究实际交通信息参数的获取方法，标定模型的信息反馈参数，构建更具有实用价值的交通拥堵控制模型和策略。

参 考 文 献

[1] 新浪网. 交通拥堵考验中国都市有车一族[EB/OL]. (2023-09-21) [2024-11-03]. https://news.sina.com.cn/c/2003-09-21/1413791788s.shtml.

[2] UTMS society of Japan. About UTMS: Universal Traffic Management Systems [EB/OL]. (2013-08-10)[2023-10-09]. https://ieeexplore.ieee.org/abstract/document/396778.

[3] Verkehrs Management Zentrale Berlin. Verkehrs informations zentrale Berlin [EB/OL]. (2013-08-10) [2023-10-09]. www.vmzberlin.com.

[4] 张鹏飞. 科幻成真 奔驰发布 Car-to-X 沟通技术. (2013-06-26)[2023-10-09]. https://m.58che.com/info/570718.html.

[5] 交通部长回应"拥堵费"问题：堵和疏要结合 让人民的心不再堵[EB/OL]. (2016-03-09) [2023-10-09]. http://lianghui.people.com.cn/2016npc/GB/n1/2016/0309/c402194-28185582.html.

[6] 戴世强. 中国工程院第 32 场工程科技论坛: 中国综合交通运输发展战略论文集[C]. 北京: 中国工程院，2004.

[7] BANDO M, NAKAYAMA A, SHIBATA A, et al. Dynamical model of traffic congestion and numerical simulation[J]. Phys. Rev. E, 1995, 51(2): 1035-1042.

[8] OSSEN S, HOOGENDOORN S P. Multi-anticipation and heterogeneity in car-following empirics and a first exploration of their implications[C]//IEEE Transportation System Society, Proceedings IEEE ITSC 2006. Piscataway: IEEE, 2006:1615-1620.

[9] LENZ H, WAGNER C K, SOLLACHER R. Multi-anticipative car-following model[J]. Eur. Phys. J. B, 1999, 7: 331-335.

[10] TREIBER M, KESTING A, HELBING D. Delays inaccuracies and anticipation in microscopic traffic models[J]. Physica A, 2006, 360(1): 71-88.

[11] 葛红霞, 祝会兵, 戴世强. 智能交通系统的元胞自动机交通流模型[J]. 物理学报, 2005, 54(10): 4621-4626.

[12] 孔宪娟, 高自友, 李克平. 考虑近邻和次近邻车辆影响的单车道元胞自动机模型[J]. 北京交通大学学报, 2006, 30(6): 11-15.

[13] NAGAI R, NAGATANI T, TANIGUCHI N. Traffic states and jamming transitions induced by a bus in two-lane traffic flow[J]. Physica A, 2005, 350: 548-562.

[14] WONG S C, et al. Lane changing analysis for two-lane trafic flow [J]. Acta Mechanica Sinica, 2007, 23: 49-54.

[15] 彭麟, 谭惠丽, 孔令江, 等. 开放性边界条件下双车道元胞自动机交通流模型耦合效应研究[J]. 物理学报, 2003(12): 3007-3013.

[16] KONG X J, GAO Z Y, LI K P. A two-lane cellular automata model with influence of next-nearest neighbor vehicle[J]. Commun. Theor. Phys. , 2006, 45(4): 657-662.

[17] NAGATANI T. Modified KdV equation for jamming transition in the continuum models of traffic[J]. Physics A, 1998, 261: 599-607.

[18] GE H X, DAI S Q, XUE Y, et al. Stabilization analysis and modified Korteweg–de Vries equation in a cooperative driving system[J]. Phys. Rev. E, 2005, 71: 066119.

[19] GE H X, CHENG R J. The "backward looking" effect in the lattice hydrodynamic model[J]. Physica A, 2008, 387(28): 6952-6958.

[20] 唐铁桥, 黄海军. 两车道交通流的波动分析[J]. 北京航空航天大学学报, 2005, (10): 76-79.

[21] TANG C F, JIANG R, WU Q S. Extended speed gradient model for traffic flow on two-lane freeways[J]. Chinese physics, 2007, 16(6): 1570-1575.

[22] NAGATANI T. Jamming transitions and the modified Kortew-de Vries equation in a two-lane traffic flow[J]. Physics A, 1999, 265: 297-310.

[23] 唐铁桥, 黄海军, 薛郁. 一种改进的两车道交通流格子流体力学模型[J]. 物理学报, 2006(8): 4026-4031.

[24] NAGATANI T. TDGL and MKdV equations for jamming transition in the lattice models of traffic. Physica A, 1999, 264: 581-592.

[25] 薛郁. 优化车流的交通流格子流体力学模型[J]. 物理学报, 2004(1): 25-30.

[26] ZHU W X, CHI E X. Analysis of generalized optimal current lattice model for traffic flow[J]. International Journal of Modern Physics C, 2008, 19(5): 727-739.

[27] ZHU W X. A backward-looking optimal current lattice model. Communications in Theoretical Physics, 2008, 50 (3): 753-756.

[28] PENG G H. A new lattice model of traffic flow with the consideration of individual difference of anticipation driving behavior[J]. Commun. Nonlinear Sci. Numer. Simul., 2013, 18(10): 2801-2806.

[29] PENG G H. A driver's memory lattice model of traffic flow and its numerical simulation[J]. Nonlinear Dyn., 2012, 67: 1811-1815.

[30] 彭光含. 两车道交通流耦合格子流体力学模型与数值仿真[J]. 物理学报, 2010, 59(6): 3824-3830.

[31] PENG G H. A new lattice model of two-lane traffic flow with the consideration of optimal current difference[J]. Commun. Nonlinear Sci. Numer. Simul., 2013, 18(3): 559-566.

[32] PENG G H. Nonlinear analysis of lattice model with the consideration of multiple optimal current differences for two-lane freeway[J]. Mod. Phys. Lett. B, 2015, 29(4): 1550006.

[33] SHARMA S. Lattice hydrodynamic modeling of two-lane traffic flow with timid and aggressive driving behavior[J]. Physica A, 2015, 421: 401-411.

[34] SHARMA S. Effect of driver's anticipation in a new two-lane lattice model with the consideration of optimal current difference[J]. Nonlinear Dyn. , 2015, 81: 991-1003.

[35] LI Z P, LI X L, LIU F Q. Stabilization analysis and modified KdV equation of lattice models with consideration of relative current[J]. Int. J. Mod. Phys. C, 2008, 19(8): 1163-1173.

[36] TIAN J F, YUAN Z Z, JIA B, et al. Phase transitions and the Korteweg-de Vries equation in the density difference lattice hydrodynamic model of traffic flow [J]. Int. J. Mod. Phys. C, 2013, 24(3): 1350016-1-1350016-9.

[37] TIAN J F, YUAN Z Z, JIA B, et al. Dynamic congested traffic states of density difference lattice hydrodynamic Model with on-ramp[J]. Discrete Dyn. Nat. Soc. , 2013, 2013: 941238-1-941238-9.

[38] WANG T, GAO Z Y, ZHANG J. Stabilization effect of multiple density difference in the lattice hydrodynamic model [J]. Nonlinear Dyn. , 2013, 73(4): 2197-2205.

[39] WANG T, GAO Z Y, ZHANG J, et al. A new lattice hydrodynamic model for two-lane traffic with the consideration of density difference effect [J]. Nonlinear Dyn. , 2014, 75(1-2): 27-34.

[40] GUPTA A K, REDHU P. Analysis of a modified two-lane lattice model by considering the density difference effect[J]. Commun. Nonlinear Sci. Numer. Simul., 2014, 19(5): 1600–1610.

[41] GUPTA A K, DHIMAN I. Phase diagram of a continuum traffic flow model with a static bottleneck[J]. Nonlinear Dyn. , 2015, 79 (1): 663-671.

[42] GUPTA A K, REDHU P. Analyses of the driver's anticipation effect in a new lattice hydrodynamic traffic flow model with passing[J]. Nonlinear Dyn. , 2014, 76(2): 1001- 1011.

[43] ZHAO M, SUN D H, TIAN C. Density waves in a lattice hydrodynamic traffic flow model with the anticipation effect[J]. Chin. Phys. B. , 2012, 21(4): 623-628.

[44] CHENG R J, LI Z P, ZHENG P J, et al. The theoretical analysis of the anticipation lattice models for traffic flow [J]. Nonlinear Dyn. , 2014, 76(1): 725-731.

[45] KANG Y R, SUN D H. Lattice hydrodynamic traffic flow model with explicit drivers' physical delay[J]. Nonlinear Dyn. , 2013, 71(3): 531-537.

[46] ZHANG M, SUN D H, TIAN C. An extended two-lane traffic flow lattice model with driver's delay time[J]. Nonlinear Dyn. , 2014, 77(3): 839-847.

[47] REDHU P, GUPTA A K. Delayed-feedback control in a lattice hydrodynamic model[J]. Commun. Nonlinear Sci. Numer. Simul., 2015, 27(1-3): 263-270.

[48] LI X Q, FANG K L, PENG G H. A new lattice model of traffic flow with the consideration of the drivers' aggressive characteristics [J]. Physica A, 2017, 468, 315-321.

[49] LI X Q, FANG K L, PENG G H. Nonlinear analysis of traffic model with the consideration of multiple optimal current differences' anticipation effect[C] //Advanced Science and Industry Research Center, Proceedings of 2017 2nd International Conference on Software, Multimedia and Communication Engineering(SMCE 2017). Lancaster: DEStech Publications, 2017, 7: 491-497.

[50] GREENSHIELDS B D, THOMPSON J T, DICKINSON H C, et al. The photographic method of studying traffic behavior[C]// Transportation Research Board, Proceedings of the 13th annual meeting of the highway research board. Washington: Transportation Research Board,1934: 382-399.

[51] VAN WAGENINGEN-KESSELS F, VAN LINT H, VUIK K, et al. Geneology of traffic flow models[J]. EURO J. Transp. Logist. , 2014, 4(4): 1-29.

[52] DEL CASTILLO J M. Three new models for the flow–density relationship: derivation and testing for freeway and urban data[J]. Transportmetrica, 2012, 8(6): 443-465.

[53] TREIBER M, KESTING A. Traffic flow dynamics[M]. New York: Springer Berlin Heidelberg, 2012.

[54] HELBING D, MOUSSAID M. Analytical calculation of critical perturbation amplitudes and critical densities by non-linear stability analysis of a simple traffic flow model[J]. Eur. Phys. J. B, 2009, 69: 571-581.

[55] 张建厂. 基于前后车综合效应的交通流建模及其特性研究[D]. 重庆: 重庆大学. 2012.

[56] GE H X, DAI S Q, DONG L Y, et al. Stabilization effect of traffic flow in an extended car－following model based on an intelligent transportation system application[J]. Phys. Rev. E. 2004, 70(6): 6134-6139.

[57] PIPES L A. An operational analysis of traffic dynamics[J]. J. Appl. Phys. , 1953, 24: 274-281.

[58] KOMETANI E, SASAKI T. Dynamic behavior of traffic with a nonlinear spacing-speed relationship[C]// General Motors Research Laboratories, Proceedings of the Symposium on Theory of Traffic Flow. New York: Elsevier Publishing Co., 1959: 105-119.

[59] GIPPS P G. A behavioural car-following model for computer simulation[J]. Transp. Res. B, 1981, 15(2): 105-111.

[60] NEWELL G F. Nonlinear effects in the dynamics of car following. Oper. Res. , 1961, 9: 209-229.

[61] NEWELL G F. A simplified car-following theory: a lower order model[J]. Transp. Res. Part B, 2002, 36(3): 195-205.

[62] LAVAL J A, LECLERCQ L. A mechanism to describe the formation and propagation of stop-and-go waves in congested freeway traffic[J]. Philos. Trans. Math. Phys. Eng. Sci. , 2012, 368: 4519-4541.

[63] CHANDLER R, HERMAN R, MONTROLL E. Traffic dynamics: studies in car following[J]. Oper, Res. , 1958, 6(2): 165-184.

[64] HERMAN R, MONTROLL E W, POTTS R B, et al. Traffic dynamics: analysis of stability in car following[J]. Oper. Res. , 1959, 7(1): 86-106.

[65] GAZIS D C, HERMAN R, ROTHERY R W. Nonlinear follow-the-leader models of traffic flow[J]. Oper. Res. , 1961, 9(4): 545-567.

[66] BANDO M, HASEBE K, NAKANISHI K, et al. Analysis of optimal velocity model with explicit delay[J]. Phys. Rev. E, 1998, 58(5): 5429-5435.

[67] HELBING D, TILCH B. Generalized force model of traffic dynamics[J]. Phys. Rev. E, 1998, 58: 133-138.

[68] TREIBER M, HENNECKE A, Helbing D. Derivation, properties, and simulation of a gas-kinetic-based, nonlocal traffic model[J]. Phys. Rev. E, 1999, 59: 239-253.

[69] JIANG R, WU Q S, ZHU Z J. Full velocity difference model for a car-following theory[J]. Phys. Rev. E, 2001, 64: 7101.

[70] 薛郁. 随机计及相对速度的交通流跟驰模型[J]. 物理学报, 2003, (11): 2750-2756.

[71] 薛郁, 董力耘, 袁以武, 等. 考虑车辆相对运动速度的交通流演化过程的数值模拟[J]. 物理学报, 2002, (3): 492-496.

[72] 薛郁. Analysis of the stability and density waves for traffic flow[J]. 中国物理B: 英文版, 2002, 11(11): 1128-1134.

[73] DONG L Y, MENG Q X. Effect of the relative velocity on the optimal velocity model[J]. Journal of Shanghai University (English Edition), 2005, 9(4): 283-285.

[74] GONG H X, LIU H C, WANG B H. An asymmetric full velocity difference car-following model[J]. Physica A. 2008, 387: 2595-2602.

[75] TREIBER M, HENNECKE A, HELBING D. Congested traffic states in empirical observations and microscopic simulations[J]. Phys. Rev. E, 2000, 62(2): 1805-1824.

[76] TREIBER M, KESTING A, HELBING D. Three-phase traffic theory and two-phase models with a fundamental diagram in the light of empirical stylized facts[J]. Transp. Res. B, 2010, 44: 983-1000.

[77] HELBING D. Gas-kinetic derivation of Navier-Stokes-like vehicular traffic equations[J]. Phys. Rev. E, 1996, 53(3): 2366-2381.

[78] HELBING D, HENNECKE A, SHVETSOV V, et al. Micro-and macro-simulation of freeway traffic[J]. Math. Comp. Mod. , 2002, 35: 517-547.

[79] SCHADSCHNEIDER A. Traffic flow: A statistical physics point of view[J]. Physica A, 2002, 313(1): 153-187.

[80] WILSON R E. Mechanisms for spatio-temporal pattern formation in highway traffic models[J]. Philos. Trans. Math. Phys. Eng. Sci. , 2008, 366: 2017-2032.

[81] WILSON R E, WARD J A. Car-following models: fifty years of linear stability analysis: a mathematical perspective[J]. Transp. Plan Technol. , 2011, 34(1): 3-18.

[82] HELLY W. Simulation of bottlenecks in single lane traffic flow[C]// Proceedings of Symposium on Theroy of Traffic Flow. New York: Elsevier Publishing Co. , 1959: 207-238.

[83] BEXELIUS S. An extended model for car-following[J]. Transp. Res. , 1968, 2(1): 13-21.

[84] GE H X. Two velocity difference model for a car following theory[J]. Physica A, 2008, 360: 1-7.

[85] YU L, SHI Z K, ZHOU B C. Kink–antikink density wave of an extended car-following model in a cooperative driving system[J]. Commun. Nonlinear Sci. Numer. Simul. , 2008, 13(10): 2167-2176.

[86] ZHU W X, LIU Y C. A total generalized optimal velocity model and its numerical tests[J]. Journal of Shanghai Jiaotong University (Science), 2008, 13(2): 166-170.

[87] XIE D F, GAO Z Y, ZHAO X M. Stabilization of traffic flow based on the multiple information of preceding cars[J]. Commun. Comp. Phys. 2008, 3(4): 899-912.

[88] CREMER M, LUDWIG J. A fast simulation model for traffic flow on the basis of boolean operations[J]. Math. Comp. Simul. , 1986, 28(4): 297-303.

[89] NAGEL K, SCHRECKENBERG M. A cellular automaton model for freeway traffic[J]. J. Phys. I, 1992, 2(12): 2221-2229.

[90] KNOSPE W, SANTEN L, SCHADSCHNEIDER A, et al. Empirical test for cellular automaton models of traffic flow[J]. Phys. Rev. E, 2004, 70: 016115.

[91] HELBING D, SCHRECKENBERG M. Cellular automata simulating experimental properties of traffic flow[J]. Phys. Rev. E, 1999, 59(3): R2505-R2508.

[92] KERNER B S, KLENOV S L. A microscopic model for phase transitions in traffic flow[J]. J Phys. A Math. Gen. , 2002, 35(3): L31-L43.

[93] LIGHTHILL M J, WHITHAM G B. On kinematic waves II. Theory of traffic flow on long crowded roads[J]. Proceedings Royal Society A: Mathematical, Physical and Engineering Science. 1955, 229 (1178): 317-345.

[94] RICHARDS P L. Shock waves on the high way[J]. Oper. Res. , 1956, 4: 42-51.

[95] LEBACQUE J P. A two phase extension of the LWR model based on the boundedness of traffic acceleration[C]// Institute of Mathematics and its Applications, Transportation and Traffic Theory in the 21st Century: Proceedings of the 15th International Symposium on Transportation and Traffic Theory. New York: Elsevier Publishing Co., 2002: 697-718.

[96] LECLERCQ L. A new numerical scheme for bounding acceleration in the LWR model[C]// Institute of Mathematics and its Applications, Mathematics in Transport: Selected Proceedings of the 4th IMA International Conference on Mathematics in Transport. New York: Elsevier Publishing Co., 2007: 279-292.

[97] PAYNE H J. Models of Freeway Traffic and Control [J]. Math. Methods Publi. Syst. , 1971, 1: 51-61.

[98] WHITHAM G B. Linear and nonlinear waves[M]. New York: Wiley-Interscience, 1974.

[99] ZHANG H M. New perspectives on continuum traffic flow models[J]. Netw. Spat. Econ. , 2001, 1: 9-33.

[100] ZHANG H M. On the consistency of a class of traffic flow models [J]. Trans. Res. B, 2003, 37: 101-105.

[101] DAGANZO C F. Requiem for second-order fluid approximations of traffic flow[J]. Transp. Res. B, 1995, 29(4): 277-286.

[102] AW A, RASCLE M. Resurrection of "Second Order" Models of Traffic Flow [J]. J. Appl. Math. , 2000, 60(3): 916-938.

[103] JIANG R, WU Q S, ZHU Z J. A new continuum model for traffic flow and numerical tests[J]. Transportation reserach Part B: Methodological, 2002, 36B(5): 405-419.

[104] XUE Y, DAI S Q. Continuum traffic model with the consideration of two delay time scales[J]. Phys. Rev. E, 2003, 68(6): 066123.

[105] DAGANZO C F. A continuum theory of traffic dynamics for freeways with special lanes[J]. Transportation reserach Part B: Methodological, 1997, 31(2): 83-102.

[106] WONG G C K, WONG S C. A multi-class traffic flow model: an extension of LWR model with heterogeneous drivers[J]. Transportation research Part A: Policy and Practice. , 2002, 36(9): 827-841.

[107] NGODUY D, LIU R. Multiclass first-order simulation model to explain non-linear traffic phenomena[J]. Physica A, 2007, 385(2): 667-682.

[108] TANG T Q, HUANG H J, WONG S C, et al. A new macro model for traffic flow on a highway with ramps and numerical tests[J]. Communications in Theoretical Physics, 2009, 51(1): 71-78.

[109] HUANG H J, TANG T Q, GAO Z Y. Continuum modeling for two-lane traffic flow[J]. Acta Mechanica Sinica, 2006, 22(2): 131-137.

[110] VAN WAGENINGEN-KESSELS F, VAN LINT HOF B, HOOGENDOORN S P, et al. Anisotropy in generic multi-class traffic flow models[J]. Transp. A: Transp. Sci. , 2013, 9(5): 451-472.

[111] VAN WAGENINGEN-KESSELS F, VAN LINT JWC, VUIK C, et al. Generic multi-class kinematic wave traffic flow modelling: model development and analysis of its properties[C]// Transportation Research Board, TRB 93nd Annual Meeting Compendium of Papers. Washington: Transportation Research Board,2014:1-22.

[112] NAGATANI T. Jamming transition in a two-dimensitonal traffic flow model[J]. Phys. Rev. E, 1999, 59(5): 4857-4864.

[113] 孙棣华, 田川. 考虑驾驶员预估效应的交通流格子模型与数值仿真[J]. 物理学报, 2011, 60(6): 836-842.

[114] GE H X, CUI Y, ZHU K Q, et al. The control method for the lattice hydrodynamic model[J]. Communications in Nonlinear Science and Numerical Simulation, 2015, 22(1-3): 903-908.

[115] LIU H, SUN D H, LIU W N. Lattice hydrodynamic model based traffic control: A transportation cyber-physical system approach[J]. Physica A: Statistical Mechanics and its Applications, 2016, 461: 795-801.

[116] ZHU C Q, ZHONG S Q, LI G Y, et al. New control strategy for the lattice hydrodynamic model of traffic flow[J]. Physica A: Statistical Mechanics and its Applications, 2017, 468: 445-453.

[117] PRIGOGINE I, ANDREWS F C. A Boltzmann-like approach for traffic flow[J]. Oper. Res. , 1960, 8(6): 789-797.

[118] PRIGOGINE I. A Boltzmann-like approach to the statistical theory of traffic flow[C]//International Symposium on the Theory of Traffic Flow, Theory of traffic flow. Amsterdam: Elsevier,1961:158-164.

[119] PAVERI-FONTANA S L. On Boltzmann-like treatments for traffic flow: a critical review of the basic model and an alternative proposal for dilute traffic analysis[J]. Transp. Res. , 1975, 9(4): 225-235.

[120] HELBING D, GREINER A. Modeling and simulation of multilane traffic flow[J]. Phys. Rev. E, 1997, 55(5): 5498-5508.

[121] NAGATANI T. Kinetic segregation in a multilane highway traffic flow[J]. Physics A, 1997, 237(1-2): 67-74.

[122] HOOGENDOORN S P, BOVY P H. Generic gas-kinetic traffic systems modeling with applications to vehicular traffic flow[J]. Transportation reserach Part B: Methodological, 2001, 35(4): 317-336.

[123] HELBING D, HENNECKE A, SHVETSOV V, et al. MASTER: macroscopic traffic simulation based on a gas－kinetic, nonlocal traffic model[J]. Transportation reserach Part B: Methodological, 2001, 35: 183-211.

[124] HOOGENDOORN S P. Multiclass continuum modelling of multilane traffic flow[D]. Delft: Delft University of Technology, 1999.

[125] TAMPÈRE CMJ, AREM BV, HOOGENDOORN SP. Gas-kinetic traffic flow modeling including continuous driver behavior models[J]. Transp. Res. , 2003, 1852: 231-238.

[126] NAGATANI T. Stabilization and enhancement of traffic flow by the next-nearest-neighbor interaction[J]. Phys. Rev. E, 1999, 60(6): 6395-6401.

[127] ZHANG H M. A theory of non-equilibrium traffic flow[J]. Transportation reserach Part B: Methodological, 1998, 32B(7): 485-498.

[128] TIAN C, SUN D H, ZHANG M. Nonlinear analysis of lattice model with consideration of optimal current difference[J]. Commun. Nonlinear Sci. Numer. Simul., 2011, 16: 4524-4529.

[129] WANG T, GAO Z Y, ZHAO X M. Multiple flux difference effect in the lattice hydrodynamic model[J]. Chine. Phys. B, 2012, 21(2): 222-229.

[130] PENG G H. A new lattice model of two-lane traffic flow with the consideration of multi-anticipation effect[J]. Int. J. Mod. Phys. C, 2013, 24(7): 1350048.

[131] PENG G H. The driver's anticipation effect with passing in lattice model for two-lane freeway[J]. Mod. Phys. Lett. B, 2015, 29(28): 1550174.

[132] SHARMA S. Modeling and analyses of driver's characteristics in a traffic system with passing[J]. Nonlinear Dyn. , 2016, 86(3): 2093-2104.